U0594745

# 基于"互联网+教育"
# 创新英语教学
# 实施途径的思考

李瑞三 ◎ 著

吉林人民出版社

**图书在版编目（CIP）数据**

基于"互联网+教育"创新英语教学实施途径的思考 /
李瑞三著.— 长春：吉林人民出版社，2023.11
ISBN 978-7-206-20350-3

Ⅰ.①基… Ⅱ.①李… Ⅲ.①英语课—网络教学—教
学研究—中学 Ⅳ.①G633.412

中国国家版本馆CIP数据核字（2023）第221860号

# 基于"互联网+教育"创新英语教学实施途径的思考
JIYU "HULIANWANG + JIAOYU" CHUANGXIN YINGYU JIAOXUE SHISHI TUJING DE SIKAO

著　者：李瑞三　　　　　封面设计：李　娜
责任编辑：高　婷
吉林人民出版社出版发行（长春市人民大街7548号　　邮政编码：130022）
印　刷：北京政采印刷服务有限公司
开　本：787mm×1092mm　　1/16
印　张：10　　　　　字　数：180千字
标准书号：ISBN 978-7-206-20350-3
版　次：2023年11月第1版　印　次：2023年11月第1次印刷
定　价：58.00元

# 目 录

## 上 篇

### 工作辐射引领——用爱履行责任

深种民族团结之花，铸牢中华民族共同体意识说课活动 ················ 3

"双减"背景下班主任有效开展家校合作主题研讨 ·············· 5

"传承革命老区精神——铸牢中华民族共同体意识"主题班会 ·········· 8

自治区"互联网＋教育"高端教学人才助力教学 ··············· 12

宁夏哲学社会科学规划项目："互联网＋教育"县级示范区建设的探究··· 16

"互联网＋"环境下初中英语书面表达核心素养培养的研究 ·········· 24

"互联网＋"环境下初中英语书面表达核心素养培养的研究中期总结

汇报 ·················· 28

## 中 篇

### 教学设计精选——用笔践行人生

Unit 1　What's the matter? Writing（发生了什么事？写作）教学设计··· 37

Unit 2　What time do you go to school?（你几点去学校？）说课稿 ·· 42

Unit 3　What time do you go to school Section B 3a—Self Check（你几

点去学校？）教学设计 ·················· 46

Unit 4　I want to be an actor（我想成为一名演员）教学设计 ········ 51

Unit 5　Can you come to my party?Section A (1a—2c)（你能来参加
　　　我的聚会吗？）教学设计 ……………………………… 59

"中考专项——综合填空"教学设计 …………………………… 62

"中考英语阅读课"教学设计 …………………………………… 76

"线上教学显神通，趣味教学促提升"教学案例 ……………… 80

"分析教材，让知识树常青"说课设计 ………………………… 84

掌控中考写作，提高核心素养 ………………………………… 87

# 下　篇
## 教学研究方略——用心承载教育

数字化教学资源在英语教学中的有效应用 …………………… 95

"互联网+"时代初中英语听说教学范式 …………………… 100

"互联网+"环境下初中英语"翻转课堂"教学模式分析 …… 105

英语课程培养学生创新素养之我见 ………………………… 110

"互联网+"环境下初中英语书面表达核心素养培养的研究 …… 115

"互联网+教育"背景下"宁教云"在线上英语教学中的应用探究 … 120

对促进"互联网+教育"建设步伐的思考与探索 …………… 128

"互联网+"教育真正落实在空中课堂 ……………………… 133

基于"互联网+"的初中英语教学创新思考 ………………… 137

基于智慧教育理论"互联网+"背景下的初中英语作业设计探析 … 142

基于创新素养和"双减"政策的初中英语作业设计初探 …… 146

信息技术与初中英语教学整合的实践与思考 ………………150

上篇

工作辐射引领

——用爱履行责任

# 深种民族团结之花，铸牢中华民族
# 共同体意识说课活动

中华民族共同体，是中国历史发展的产物。中华民族共同体意识，是国家统一之基、民族团结之本、精神力量之魂。习近平总书记在党的十九大报告中，鲜明提出"铸牢中华民族共同体意识"，把握的是几千年历史演进的客观规律，揭示的是新时代民族工作的主题主线，彰显的是团结凝聚各族人民共同实现伟大梦想的信心决心。为深入学习贯彻习近平总书记关于民族工作的重要论述，我工作室结合学校和地区实际，于2022年4月1日开展"铸牢中华民族共同体意识"的说课活动。李瑞三老师对铸牢中华民族共同体意识进行解读（见图1–1）。

图1–1  李瑞三老师对铸牢中华民族共同体意识进行解读

李瑞三老师通过"新时代铸牢中华民族共同体意识行动指南"展开说

课，讲解了我国的基本国情。我国是多民族国家，56个民族应该像石榴籽那样紧紧抱在一起，让学生更加深入了解56个民族根连根、心连心的血脉之情，从而自觉维护民族团结，热爱祖国。

盐池县第五中学刘玉梅老师的整个说课过程分为三个环节：了解中华民族共同体内涵、为什么要铸牢中华民族共同体意识、怎样铸牢中华民族共同体意识。让学生就如何维护民族团结谈谈自己的理解。由教师进行总结概括，提升学生对我国民族政策的认同感，增强制度自信、道路自信，培养学生热爱祖国、维护民族团结和国家统一的情感，使铸牢中华民族共同体意识教育工作得到落实。

盐池县第四中学许多贵老师通过向学生介绍中国近代史，引导青少年加深对中华民族悠久历史和灿烂文化的了解，增进对伟大祖国、中华民族、中华文化、中国共产党、中国特色社会主义的认同，以及用社会主义核心价值观引导学生树立正确的祖国观、民族观、文化观和历史观，推动民族团结进步教育提档升级，将中华民族共同体意识根植于青少年心灵深处。

在交流的过程中，工作室成员各抒己见，纷纷表示：一定会在今后的教育教学工作中进一步渗透中华民族共同体意识，不断促进各民族学生团结、友爱、共同进步，让民族之花在盐池县各中小学的校园里美丽绽放。让学生认识到我们中华民族是一个血脉相通的共同体，不断加强铸牢中华民族共同体意识。只有在每一颗"石榴籽"的共同努力下，我们才能形成强大的凝聚力和牢固的向心力，共同团结奋斗、共同繁荣发展！

# "双减"背景下班主任有效开展
# 家校合作主题研讨

中小学班主任工作是一项复杂、细致，需要付出爱心、耐心和责任心，对学生健康成长起着重要作用的工作，要求班主任具有良好的思想道德品质、较高的教育理论素养和专业知识水平，身心健康、富有人格魅力，善于做思想教育工作。为缓解家校冲突，营造家校协同育人新局面，需要学校教育教学创新升级，也需要家长的教育理念升级迭代，正确认识"双减"政策的意义。

"双减"是一场大力度的改革，它指向对基础教育生态进行系统性重塑，把"剧场效应"的影响降到最低，也指向推动全社会形成新的教育共识。改革大刀阔斧地推进，必然会与学校的传统教学模式，家长的教育理念、教养方式发生冲突。变革之路不会一帆风顺，目前呈现出来的作业管理矛盾、考试管理矛盾以及教育问题的复杂性，都对落实"双减"政策、形成家校协同育人新局面提出了新的挑战和要求。李瑞三老师就"双减"家校合作同成员进行交流（见图1-2）。

图1-2 李瑞三老师就"双减"家校合作成员进行交流

减轻过重作业负担、减少考试次数、减轻过重校外培训负担，这些都是好事。教师如果违背相关政策要求，家长当然有权利反馈、投诉。否则，政策要求可能就难以落地。但也的确还有不少家长对政策抱迟疑的态度，担心作业少了、考试少了、校外培训少了，学生学不到东西，更担心别人家的学生没有"躺平"。这样一来，家长就无法淡定，又陷入了"囚徒困境"。

"望子成龙""望女成凤"无可厚非，在中高考竞争压力居高不下、社会竞争对人的综合素质要求不断提高的大背景下，家长的担忧、急迫、焦虑等情绪都可以理解，由此而形成的种种问题也属正常。但这些行为可能阻碍改革落地或者消减改革效果。

缓解家校矛盾，营造家校协同育人新局面，既需要学校教育教学创新升级，也需要家长的教育理念升级迭代，正确认识"双减"政策的意义，理解、支持学校做好"双减"有关工作。

上述矛盾源于部分家长错把手段当成了目标，而又把教育的目标窄化为分数。作业也好，考试也罢，都是帮助学生发现问题、监测学情、巩固学习成果的手段，其最终目的在于提高学生学习效率、提升学生学习品质，而这也恰好是"双减"政策期待达成的目标。家长要认识到，减少作业总量、减轻考试负担的目的不是让学生松懈，而是提高作业布置的科学性、合理性，减少大量单调、重复、低效的知识学习负担，把学生从频繁的考试和追逐分数的心理负担中解放出来。这样学生才能腾出更多的时间和精力去养成学习习惯，锻炼强健体魄，培养创新思维和能力，积淀人文素养，探索兴趣爱好，开发潜能，从而更好地为未来竞争做准备。作业只是手段，学习的目的也不只是分数，如果能通过作业设计提质、考试管理优化让学生"吃饱""吃好"，取得更好的学习效果，为什么还要去搞题海战术、应试训练，还要以违背教育规律、牺牲身心健康为代价的方式去竞争呢？

当然，要化解家长的担忧、弥合家校之间的矛盾，迫切要求学校深化教育教学改革，变革教学方式，提高课堂教学效率，提升教学管理水平，通过"双减"后教育教学改革的成绩去赢得家长的认同与支持，并引导家长改变短视化、功利化的教养心态。也就是说，要让家长看到作业少了、考试少了、校外培训少了之后，学生的学习更高效了、身心更健康了、成长后劲更足了，学生的成长需求得到了更好地满足。做好这一点需要一个过程，但做不好这一点，家校协同就会出现问题，改革成效也会受影响。此外，化解家长的焦虑，帮助家长坚守正确的教育理念，不仅需要推动基础教育改革和生态重塑，还需要教育评价体系改革的深化、社会用人评价导向的变革，让人才成长通道更多元、更广阔，形成人尽其才的良好社会环境。

营造家校协同育人新局面，还需要家长在关心、支持学校教育，积极充当学校教育有益助手的同时，尊重学校教育教学管理自主权，恪守家校协同育人的边界，不越界、不越位，各尽其责、各司其职。从学生的健康成长、全面发展出发，携手育人，应是"双减"背景下家校协同育人的理想状态。

2022年6月10日

# "传承革命老区精神——铸牢中华民族
# 共同体意识"主题班会

开展民族教育促进民族团结、铸牢中华民族共同体意识，是中小学生思想道德建设的重要内容，也是一项当前中小学思想政治教育不可或缺的重要工作。为了进一步增强学生对伟大祖国、中华民族、中华文化、中国共产党、中国特色社会主义的认同，坚持正确的中华民族历史观，增强对中华民族的认同感和自豪感，工作室全体成员开展"铸牢中华民族共同体意识"的主题班会。"同备一堂课，各展雄风采"，让我们看看工作室的各位教师是如何播下"铸牢中华民族共同体意识"的种子，使"铸牢中华民族共同体意识"之花绽放，实现铸牢中华民族共同体意识教育"同心同行"。

第一站：盐池县第五中学

"老师，我来回答！"这么活跃的气氛，一定是李瑞三老师的课堂。李瑞三老师总是能轻松地和学生融为一体，今天，他从"什么是中华民族共同体意识、铸牢中华民族共同体意识的重要性、如何铸牢中华民族共同体意识"三个方面，引导学生深刻地认识到我国各族人民在长期历史发展中如何形成政治上团结统一，文化上兼容并蓄，经济上相互依存，情感上相互亲近的民族共同体，正确认识由各族人民共同建立的命运共同体。

"因此，铸牢中华民族共同体意识是国家统一之基，民族团结之本，精神力量之魂。"李欢老师语重心长地说完此次班会的结束语后，学生们的掌声久久未停。通过此次主题班会，学生们纷纷表示将认真学习科学文化，提高自身素质修养，努力争做铸牢中华民族共同体意识的学习者、宣传者和实践者。

王晓芳老师以怎样铸牢中华民族共同体意识为切入口，引导学生认识到在面对世界百年未有之大变局时，站在我国发展新的历史方位上，要实现中华民族伟大复兴的中国梦，一定要促进人心归聚、精神相依，要加强爱国主义教育，增强文化自信和文化认同感，不断巩固和发展民族团结。

卢超伟老师则以通过组织全体学生观看《喜迎二十大、永远跟党走、奋进新征程》专题节目的方式，教育引导广大青少年听党话、感党恩、跟党走的坚定信念，进一步增强了铸牢中华民族共同体意识，营造了喜迎二十大召开的浓厚氛围。

苏湘茹老师的"三个有助于"加强了学生对民族共同体意识的认识，进一步增强了学生的责任感、使命感和紧迫感，激励了学生对未来美好生活的憧憬与向往，并为之不懈努力。

"祖国历史的每一页，都记载着各族人民团结奋斗、保卫中华的事迹。我们每一个人都应该更加热爱我们的民族大家庭。"刘玉梅老师班上的学生高语霏在"铸牢中华民族共同体意识"班会上热泪盈眶地说道。其他同学也纷纷表示在这次班会上受益匪浅，希望类似的班会能经常召开。

**第二站：盐池县第三中学**

师丽敏老师以增强对伟大祖国、对中华民族、对中华文化、对中国共产党、对中国特色社会主义五个方面的认同为抓手，紧紧围绕学习贯彻习近平总书记中央民族工作会议讲话精神，着重宣讲了国家的民族政策、民族同胞的先进感人事迹，为学生介绍了各民族的风土人情和优秀传统文化。让学生深切地领会铸牢中华民族共同体意识的重大意义，感受到了民族团结一家亲的伟大成就。

高仙老师对大家说："一个人就像一滴水一样，可以映射出一个国家和民族的缩影。也就是说，小我之个体的观念意识与行动取向，会深刻地影响大我之整体的形象、面貌与走向。这滴水又会跟随大江大河汇入大海，流向远方。换言之，大我之整体的生存状况与未来愿景的构思，又会直接关乎小我之个体的生命质量与期待。"高仙老师语重心长的话语使学生深刻地体会到了各民族之间浓浓的手足之情。

刘丽丽老师认为，"青少年是祖国的未来和民族的希望。青少年时期是中华民族共同体意识形成的关键时期，在中小学教育中深化铸牢中华民族共同体意识教育，事关'为谁培养人、培养什么人、怎样培养人'的根本问题，是一项基础性战略工程。"通过开展"铸牢中华民族共同体意识"主题班会，让学生进一步认识民族团结的重要性，每名学生都对"民族团结""爱国主义"有更深刻的理解与认识。

**第三站：盐池县第一中学**

"56个民族56朵花，56个兄弟姐妹是一家。"洪亮的声音从教室里传了出来。这是李慧军老师正在开展"铸牢中华民族共同体意识"主题班会。他的"一二三四五"教学体系深得学生的喜爱。"一"是"一条主线"，坚持以铸牢中华民族共同体意识为主线开展民族团结进步教育工作；"二"是"两个共同"，坚持以共同团结奋斗、共同繁荣发展为民族工作主题；"三"是"三个离不开"，强化"汉族离不开少数民族，少数民族离不开汉族，各少数民族之间互相离不开"；"四"是"四个与共"，铸牢中华民族共同体意识，引导各族人民牢固树立休戚与共、荣辱与共、生死与共、命运与共的共同体理念；"五"是"五个认同"，坚持增进各族群众对伟大祖国、中华民族、中华文化、中国共产党、中国特色社会主义的认同，是铸牢中华民族共同体意识的核心内容。

**第四站：盐池县第二中学**

徐多贵老师从中华民族共同体意识的提出及内涵开始，围绕中华民族共同体意识的行动指南，深入浅出，结合身边的实例，对学生开展了一次深刻的中华民族共同体意识教育。

李玉宁老师说："铸牢中华民族共同体意识，要不断增强各族群众对伟大祖国、中华民族、中华文化、中国共产党、中国特色社会主义的认同。'五个认同'是国家统一、民族团结、社会稳定的思想基础，是坚定中国特色社会主义道路、弘扬中国精神、凝聚中国力量的源泉。"她是这样想的，也是这样引导学生的。她认为，民族团结是我国各族人民的生命线，中华民族共同体意识是民族团结之本。铸牢中华民族共同体意识凝聚了全党全国各族人民的共同意志，是新时代党的民族工作的主要要求。

民族团结是各族人民的生命线，通过此次活动，有力提高了班主任在民族团结方面的思想认识，有效拓展了民族团结政策法规的知晓面，极大地营造了民族团结互助和谐的良好氛围，为工作室民族团结进步教育工作再上新台阶，为谱写民族团结新篇章奠定坚实的基础。

2022年10月14日

# 自治区"互联网+教育"高端教学人才
# 助力教学

地域的局限已是过往，科学技术的进步打造了全球一体的互联网平台。平台造就信息技术，信息技术辅助互联网平台，二者间的深度融合极大地促进了教育事业的发展和进步。

2018年7月，宁夏获批成为全国首个"互联网+教育"示范区，成为西部地区首先实现县域义务教育基本均衡发展的省份。通过发展"互联网+教育"，促进优质资源共享，有效解决西部地区优质教育资源不足、配置不均衡等问题，以实现西部地区教育"弯道超车"。借着这股东风，我的教育事业出现了翻天覆地的变化。

## 一、珍惜时间多读书，认真撰写读书笔记，提高自身综合素质

在紧张忙碌的工作之余，我利用课下零散的时间认真阅读学习教育类书籍和关于"互联网+"的最前沿指导范本。例如，通过读《教师人文读本》，我感受到"爱"在教育过程中的重要性；读《赏识你的学生》，再次深深领悟了实施"赏识"教育的重要性、可行性；反复学习《互联网+教育推动中国教育迈向4.0时代》《创客新工业革命》等研究性文章，更深刻地认识互联网对教学的帮助作用。通过专业书籍来提高自己的专业素养，每一本书阅读完成后，我都能得到不同的启发和感悟。

## 二、与良师益友同行，在教育的天空自由飞翔

### （一）教学研究方面

我坚持钻研业务，不断学习新知识，探索教育教学新规律。钻研教材，写好每一个教案，上好每一堂课，多听同组同事的课，多学习别人的优点和长处。我尝试着改变自己的教学方法，以围绕学生思考为主进行教学设计。

### （二）课题研究方面

2017年，第四届全区基础教育教学课题研究审议"信息化教学资源在语文学科教学中有效应用的实践研究"课题结题。

2020年，在宁夏哲学社会科学规划办公室和宁夏教育科学研究所共同发起的课题活动中，我主持的"守望教育 切盼花开——'互联网+教育'县级示范区建设的探究"成功立项。

### （三）工作室方面

我认真参与师丽敏英语名师工作室会议，积极进行研讨，大胆发言。积极参加工作室组织的各项活动。通过这样的活动，我提高了自身的业务水平。

### （四）取得成绩

（1）以第一作者的身份在《宁夏教育科研》发表《"互联网+"环境下初中英语"翻转课堂"教学分析》。

（2）以第一作者的身份在《宁夏教育科研》发表《基于智慧教育理论"互联网+"背景下的初中英语作业设计探析》。

（3）我主讲的"互联网+创新素养教育"，获吴忠市中小学优质课评比一等奖。

（4）我撰写的《"互联网+"时代初中英语听说教学范式论文》，获全区教育技术论文三等奖。

在不断地学习摸索中，我收获的不仅仅是知识，更多的是快乐。在今后的工作中，我会一丝不苟地对待教学工作，做一名快乐的教书人，做一个幸福的研究者，做一位学生喜欢、家长满意的好老师。路漫漫其修远兮，但我

相信，只要付出，只要努力，路就在脚下。

用"互联网+教育"搭建平台，实现数据互联互通，资源共享共用，避免了重复建设，打破了各自为战导致的信息孤岛、资源孤岛和应用孤岛；利用互联网平台，补齐优质师资不足的短板扩大优质资源辐射范围，促进教育公平；而在日常教学中利用"互联网+教育"教学，让每个学生都享有公平而有质量的教育，达到优化教学过程的目的，变学生被动为主动，分层次教学使初中生个人素质和成绩得以大面积提升，同时培养学生在互联网环境下的自主学习能力、团体合作能力和相互评价能力，为新课程理念下的教学提供一套行之有效的教学设计方案。

成熟技术：我从开始教学时注重教学设计，到后来懂得了先设计课件，熟练掌握软件操作技术，语言精准，细节完善，无瑕疵。我学习了Camtasia6.0软件的使用，学习了PPT高级制作，还学习了Photoshop高级制作等一系列有助于提高教学质量和教学效率的互联网新技术。

典型案例：我根据教学中的难点、疑点、重点，运用微课件教学系统，制作教学课件，发布在微信、QQ等社交平台上，学生随时随地都可以借助教师提供的系统而有趣的实用资源自主学习，学生也可以借助其他学习类软件进行自主学习、扩展学习，这样一来，学生就能通过自主学习获得更全面的知识。我通过微课件测试考查学生对知识的掌握程度，学生可以将自己的做题成果直接提交给我，我因为及时得到反馈，所以提高了教学效率。依赖强大的互联网技术支持改变了传统的教师讲授—学生接受的模式。

教师充分利用互联网布置作业，既可以提高学生做作业的积极性，又可以减轻教师的批阅负担。为学生设计创新型的作业，创设语言环境，让学生进行自主学习，可以避免传统作业的形式陈旧、趣味性不够强以及学生做作业的积极性不高的缺陷。我利用班级微信群、班级QQ群等，每次按照不同的学习阶段，布置不同的作业内容，通过互联网布置作业来实现作业的多样化。每次布置的作业学生需要控制在15~20分钟完成，系统快速、详细地检查作业完成情况，及时给出学生完成作业的时间、分数，以及未订正错题学生和未完成作业学生名单并生成作业报告，教师可以导出作业报告分享到班级微信群或者班级QQ群，发送至家长端，家长可以借此快速了解学生的作业情况。教师可以在地铁上、公交车上随时查阅作业，这种方式从空间上解放了教师，教师可空出更多的时间来备课，研究教法。

覆盖范围：应把"互联网+教育"渗透在学校教育、教学、管理、家校联系、资源共享等方面。根据学校自身发展情况和教师信息化素养情况，打造沉浸式可交互的虚拟互动学习场景，为学生提供多元化生动教学，提升师生应用人工智能的素养。

预期效果：

① 教师在课堂上有意识地引导学生运用互联网在课前预习各门功课，课堂解读所授内容，逐渐提高学生学习的兴趣和听课的有效性。学生熟练使用互联网，延续了学习的新鲜性，养成自主学习的习惯，成绩大幅度提高。

② 建立起师生相关联的网络学习平台，利用学习平台以及微信、QQ等进行个案研究，运用互联网背景下不同的课型、作业、考试模式的比较等方法，在教学实践过程中探索组成切实可行的教学策略，将所得策略用于自己的教学实践并于教研组内推广这些策略的有效性和可行性。借助互联网信息平台进行教学数据的解析，有针对性地帮助学生提升学习效率。

# 宁夏哲学社会科学规划项目："互联网+教育"县级示范区建设的探究

## 一、课题设计论证

### （一）选题依据

贝尔纳认为，科学既是人类智慧的最高成果，又是最有希望的物质福利的源泉；培根也认为，科学的真正的与合理的目的在于造福人类生活，用新的发明和财富丰富人类生活。

"互联网+"是互联网思维的进一步实践成果，它代表一种先进的生产力，推动经济形态不断发生演变，从而催化社会经济实体的生命力，为改革、创新、发展提供广阔的网络平台。利用信息通信技术以及互联网平台，让互联网与传统行业进行深度融合，创造新的发展生态。这相当于给传统行业加一双"互联网"的翅膀，然后助飞传统行业，我们的教育事业也不甘落后，正悄悄地发生变化。

利用互联网进行教学业已成为世界趋势，在移动互联网的带动下，教育逐渐从线下走向线上，在线教育近几年一直处于快速发展过程中。2017年1月10日，国务院印发《国务院关于印发国家教育事业发展"十三五"规划的通知》（以下简称《通知》），《通知》明确表示："互联网+教育"成为国家教育事业重要抓手；2019年两会，"互联网+教育"这一概念又一次被提及。《政府工作报告》指出，发展更加公平更有质量的教育，推进城乡义务教育一体化发展，加快改善乡村学校办学条件，发展"互联网+教育"，促进优质资源共享。党中央高度重视互联网工作，出台了一系列政策措施，做出了一系列安排部署，"互联网+教育"已成为国家战略。推进"互联网+教育"，本质上就是要通过互联网思维、模式、方法推进互联网及其相关技术与教育深度融合，实现对教育的变革，创造教育新业态，实现更高质量的教育教学，使教育回归本质。

示范区建设没有现成的模式和经验可循，这是一场全新的探索。随着教育教学思想的不断更新，传统的教学模式已不能满足教学的需求。我从教的县城初中，校内生源较为复杂，大部分学生为留守儿童，父母教育以及管理引导的缺失导致了学生行为约束不够，上课注意力不能长时间集中，部分学生课堂上以含混应付的态度听课，"独角戏"式的教学传授模式导致学生学习兴趣不高。近几年，在相关部门的指导下，学生在分班方面遵循均衡分班原则，这虽然有利于师资和教学力量的公平分配，但带来的负面影响就是各学生同为一班但学习程度存在差异性，教师的一个层次的备课和不同层次学生的学习需要不配套，影响了教学效果。在互联网环境下进行教学，一个移动终端，学生、教师任由你选的新模式，可有助于解决上述问题，新模式不仅可以提高信息传播速度和利用率，而且可以让学生实现自主学习，同时师生之间、生生之间可以平等地进行学习，学生能够足不出户在家上课。"互联网+教育"的结果，将会使未来的一切教与学活动都围绕互联网进行，教师在互联网上教，学生在互联网上学，信息在互联网上流动，知识在互联网上成形，线下的活动成为线上活动的补充与拓展。

"互联网+教育"不但不会取代传统教育，而且会让传统教育焕发出新的活力。第一代教育以书本为核心，第二代教育以教材为核心，第三代教育以辅导和案例为核心，如今的第四代教育，才是真正以学生为核心。

因此，我们提出了"守望教育 切盼花开——'互联网+教育'县级示范区建设的探究"课题，探讨利用互联网有效构建区域和学校多维教学模式。

## （二）研究内容

利用"互联网+教育"搭建平台，实现数据互联互通，资源共享共用，避免重复建设，打破各自为战导致的信息孤岛、资源孤岛和应用孤岛；利用互联网平台，补齐优质师资不足的短板，扩大优质资源辐射范围，促进教育公平；在日常教学中利用"互联网+教育"教学，让每个学生都享有公平而有质量的教育，达到优化教学过程的目的，变学生被动为主动，分层次教学使初中生个人素质和成绩得以大幅度提升，同时培养学生在互联网环境下的自主学习能力、团体合作能力和相互评价能力，为新课程理念下的教学提供一套行之有效的教学设计方案。

## （三）思路方法

通过对县域各科教师教学过程中的信息化操作实践以及对课堂内外师生的互联网使用情况探究，研究"互联网+教育"对初中在线课堂的建设探索。

（1）以行动研究法为主，严格要求参与研究的各科教师以实际问题的解决为主要任务，积极参与"互联网+教育"的教学实践，力求在真实的特定教学环境中进行研究，保持研究的真实性，注意认真观察、总结、反思、再总结，以不断改进研究方法，取得研究成效。

（2）调查研究法：通过调查问卷的方式，对学生学习现状以及调查学生在"互联网+"背景下，对网络的了解和使用情况，对传统教学方法怎么看，对"互联网+"背景下教学方法变革的了解程度，对"互联网+"背景下教学方法怎么看，以及中学生对"互联网+"背景下的学习策略的变革的了解，使用频率和是否需要帮助，哪些地方需要帮助进行调查，并加以综合分析，以为课题研究提供第一手资料。

（3）问卷测评法：对各阶段学生的互联网使用能力以及"互联网+"下教学内容的吸收采取试卷检测达标的方法进行检测，通过分类检测和综合检测，定性评估和量化评估等多种方式对学生的互联网使用能力进行测评。

（4）经验总结法：在课题研究的过程中，认真做好各类资料的收集、整理和实施情况的纪录。对课题研究做总结、验证、提炼，从中探索出一些教学规律，形成教学模式来指引今后的教学工作。

（5）文献资料法：多方收集阅读批注的相关理论文献，以获取理论和学术支持，用于指导本课题研究的各个阶段。

第一阶段（2020年9—12月）为学习创设阶段：学习有关"互联网+教育"的教学策略理论，构想创建实验方案，确立实践研究的方向和目标。为班级学生申请互联网相关使用账号，教师课堂传授互联网使用常识，初步教会学生利用互联网建设自己的平台，逐渐提高学生学习的兴趣和听课的有效性。

第二阶段（2021年1—7月）为实践研究阶段：建立起师生相关联的网络学习平台，用于自己的教学实践并于教研组内推广这些策略的有效性和可行性。

第三阶段（2021年—11月）为结题阶段：主要任务是分析，整理了课题信息资料，形成了课题研究成果，完成了结题报告，等待专家评审。

**（四）创新之处**

在现代教育技术装备日新月异的更新和发展中，数字化教学平台的建设为促进教师优化教学方法提供了较为实际的可操作性。要求县域学校确立数字教学资源建设的标准和管理体系，促进教师根据自身特长、年龄特点、学科教学特性等方面制定自己信息素养的发展规划，在数字化教学平台的支持下，创新教学设计模式，形成自己独特的教学方法。本课题的研究基于教学实际存在的问题与矛盾，以研究教师利用数字化教学平台，创新教学设计模式，解决教育均衡和卓越人才培养之间的一部分矛盾。

**（五）预期成果**

（1）学生熟练使用互联网，延续了学习的新鲜性，养成自主学习的习惯，成绩大幅度提高。

（2）借助互联网信息平台进行教学数据的解析，个性化帮助学生提升学习效率。

（3）参与课题教师的成果：论文、随笔、教学设计、教学故事、教育反思、课例视频、微课等资料。

## 二、结项审批书

### （一）总结报告

本课题主要实现城乡数据互通，资源共享；补齐优质师资不足的短板、扩大优质资源辐射范围、促进教育公平；达到优化教学过程的目的，分层次教学使学生素质和成绩大幅度提升，培养学生在互联网环境下的自主学习、团体合作和互评能力。

随着"互联网+教育"的逐步发展，网课平台的逐渐普及，"互联网+教育"的力量不容小觑。"互联网+"对教师的教学方式产生了很大的影响，以腾讯会议、钉钉课堂、宁教云为代表的教育平台层出不穷，动画、虚拟实验、微课等教学资源数不胜数，教师不仅可以利用网络平台开展网课教学，还可以开展"双师课堂"实现跨校区授课。"互联网+"为学生的学习方式带来了很大的改变，疫情期间学生居家上网课，学习方式也由传统的纸笔练习、线下合作，转变为线上收集资源、线上小组合作以及线上考试。由于网络平台、大数据的应用，教学的评价也随之改变，教师可以通过网络收集学生学习中的过程性数据，然后结合数据对学生的学习能力、学习效果等方面进行更加立体、客观的评价。互联网对教育研究产生了变革性的影响，与线下教研相比，网络教研更加便捷灵活、个性自主，实现了共研、共享、共进。

### （二）成果概要

"互联网+"作为互联网思维的最新实践成果，推动了社会各行各业的演变与深层次变革。在教育领域，"互联网+教育"推动了管理方式、课程结构、教学方式等多个方面从传统向现代信息化智能化的全局性变化。2018年，宁夏成为全国首个"互联网+教育"建设示范区，盐池县等8个县（区）成为"互联网+教育"县级示范县（区）、198所中小学成为"互联网+教育"标杆学校，为"互联网+教育"示范区建设创造了许多新成绩，提供了许多新经验。

在"互联网+教育"县级示范县（区）建设中，盐池县通过健全机制、增加投入、重视运用、促进创新、提高质量等有力措施，推动了全县教育又好又快发展。一是促进全县教育信息化水平加速提高，全县教育信息化基础环境实现了脱胎换骨变化，优质数字资源和教学应用供给水平得以全方位提升，新技术支持下的教育模式变革取得突破性进展，师生信息素养与应用能力实现大幅度跃升。二是促进全县城乡教育一体化步伐加快发展，全县通过城乡学校"在线课堂"互动、城乡教师"在线教研"、城乡学校"在线管理交流"等多种方式，完善了城乡教育一体化体制机制建设，构建起城乡教育一体化高质量发展新体系。三是促进了教师教学方式与学生学习方式的革命性变革，以腾讯会议、钉钉课堂、宁教云为代表的教育平台层出不穷，动画、虚拟实验、微课等教学资源数不胜数。同时，在疫情期间学生居家上网课，学习方式也由传统的纸笔练习、线下合作，转变为线上收集资源、线上小组合作以及线上考试。四是促进了教师专业发展，广大教师充分利用网络平台、网络数据库和网络会议等方式，积极组织开展网络教研、线上讲座、线上授课，促进了专业成长。五是推动了网课方式的普及，借助网络平台、大数据应用，全体教师坚持线上线下教学相结合、教学教研相促进，使得教学方式更加便捷灵活、个性自主，实现了共研、共享、共进。

在"互联网+教育"县级示范县（区）建设中，受传统思维习惯、管理方式、教学手段等因素影响，现阶段也存在着一些问题和不足。一是未能更好地适应学生学习程度差异化发展的要求。在线上授课时，由于习惯养成、难于"现场"监管等因素影响，少数学生上课时注意力不能长时间集中，"独角戏"式的授课方式使得少数学生学习兴趣不高。二是存在着未能满足进农村教育更好发展的要求。疫情推动了"线上教学"的加速实施，但由于部分农村学校与个别学生家庭经济条件较差，网络拥堵问题时有出现，影响教学效率与教育质量的提高。三是如何促进所有教师熟练掌握与运用"互联网+教育"技术的发展要求。少数教师特别是一些老教师对平台各项功能了解不够，线上教学技能不熟练，在教学效率、方法、趣味性、吸引力等方面有待发展提高。四是如何进一步提高教育信息化管理水平的发展要求。在信息技术全面融入教育教学一切领域、一切方面背景下，如何应用信息化手段来创新学校管理、教学常规管理、教育教学质量管理等，都存在着诸多研究改进的新问题。

在巩固与提高"互联网+教育"县级示范县（区）建设成果中，要继续促进教育公平、切实提高教育教学质量，就需要解决以下问题：第一，进一步提高学生对教育信息化的适应能力。充分发挥数字化校园在校际协作、家校协作、远程协作等方面的作用，健全全体学生申请互联网相关使用账号，使学生熟知并掌握常用的学习平台、学习辅助平台。同时，通过各种有力措施，鼓励和形成学生使用互联网进行简单学习的习惯。第二，进一步加强农村教育信息化建设水平。加快农村地区5G通信建设，使通信基础设施建设延伸向毛细血管末端，宽带网络不仅要全部进村，还要进入每个学生家里，让散居深山的学生能拥有稳定的网络信号。同时，提倡部分家庭重视教育投入，加强网络、电脑等数字化条件建设；进一步加强线上教学的硬件设施建设，建立健全国家、地方教育资源平台，让学校和学生找到最优质的、免费的教育资源。要通过多种途径来争取广大家长对"线上教学"的理解与支持，使家长尽可能多一些陪伴和督促学生"线上"学习的时间。第三，进一步突出县级"互联网+教育"教师队伍建设，通过学习有关"互联网+教育"的教学策略理论，构想创建实验方案，确立实践研究的方向和目标。全面推进实施"互联网+教育"学习应用培训计划，每年坚持培训每一名校长、每一名教师；每一所学校都应积极组织教师参加"互联网+教育"应用评比等活动，以此不断提升"互联网+"应用质量；每一所学校都可通过"比学赶超"等手段，鼓励支持广大教师运用信息技术手段推进教育理念、教与学的方式、课程教学、评价方式的创新，加快建立并完善新型的教育、教学形态。同时，县级教育部门要通过开展专业课程培训，加强骨干引领人员的培养，打造智能研修牵头学校；要组织牵头学校与薄弱学校结对，建立远程互动课堂，同步开展教研，推动教育优质均衡全覆盖，推动教师线上线下混合式智能研修全覆盖。第四，进一步形成"互联网+教育"县级建设协同合力。重视发挥县级教育部门、各级各类学校的积极性、主动性，促进"互联网+教育"融合应用、创新素养教育深度融合。在教育部门统筹协调下，各级各类学校一方面加强校园网建设，对基础网络改造并加强校园网络安全建设，创设"人人皆学，处处能学，时时可学"的信息化应用环境；另一方面示范学校做好学校内部空间、微信公众号的建设开通和推广，图书室引入电子图书借阅系统、智慧教室软件硬件的建设，进一步优化学校信息化环境。不同学校之间可充分借助云校家、宁教云等APP互通有无，彼此信息做到有效落实，实现管理、教学闭环，提高交互能力，进一步优化课堂教学，切实提高教育教学质量。

**参考文献：**

［1］安德森.创客新工业革命［M］.萧潇，译.北京：中信出版社，2012.

［2］王平华.巧借互联网，优化初中英语教学［J］.学周刊，2016（14）：108-109.

［3］孙华春，韩昕媛.互联网+时代下初中英语微课教学现状分析与对策研究［J］.科技风，2018（18）：47+51.

［4］祝智庭，孙妍妍.创客教育：信息技术使能的创新教育实践场［J］.中国电化教育，2015（1）：14-21.

# "互联网+"环境下初中英语书面表达核心素养培养的研究

## 一、选题依据

新课程标准指出，全面加强学生听、说、读、写的基本功技能训练，努力使语言知识转化为语言应用能力。而在听、说、读、写中，说和写是语言运用能力的集中表现。培养初中学生英语写作能力是新课程改革的主要任务之一，是初中英语课程目标之一。在听、说、读、写中，说和写尤其是写，通常是师生感到相当棘手的事。写既是反映学生英语综合水平的体现，也是中考失分较多的因素之一。本课题立足于我县七年级至九年级学生英语书面表达积极性不高、表达能力整体较差、表达错误较多的现状，在广泛调研和针对性攻关的前提下，致力于突破培养我县初中学生英语书面表达能力这一重要课题。

近年来，"互联网+"教学备受国内外研究学者的关注。尤其是自2013年以来，在"互联网+教育"飞速发展的背景下，将传统的初中英语写作课堂教育教学与现代信息技术深度融合，利用丰富的网络资源给学生提供写作素材。2020年，疫情下的"停课不停学"对学校、教师、家长、学生、网络及平台而言，既是推动初中英语信息化教育与面对面教育结合的契机，又是前所未有的挑战。"互联网+"在初中英语课堂教学中起着至关重要的作用。随着"互联网+"时代的到来，大量电子设备的引入和应用，让英语课堂教学更加生动、形象，这增强了学生的感官体验，有效激发了学生的学习兴趣，提升了学生的学习效率，锻炼了学生的自主学习能力、意志力。与此同时，互联网教学打破了地域限制，让学生可以随时随地学习英语，增强了英语教学的时效性。那么，什么是"互联网+"环境下中学英语书面表达的核心素养？怎样在"互联网+"环境下对中学生书面表达进行核心素养的培养？有哪些方法呢？这些都值得我们去探讨。本次提高英语书面表达能力的研究，目的是使学生学会运用词汇、短语、句型，学生能写出自己的作文，并用英语高质量地表达出自己的所思所想，真正地建立起英语思维能力。

## 二、研究内容

### （一）本课题研究的主要目标

新课程应用标准对英语教学目标培养提出了明确要求：培养初中学生英语写作能力是新课程改革的主要任务之一，是初中英语课程目标之一。即在学习英语知识的基础上，培养学生实际语言操作能力，即说和写的能力，能就生活中的人和事发表个人的观点与看法，努力培养学生实践能力，使语言知识能力转化为语言运用能力，能将所学知识用于指导生活、学习。

### （二）重点、难点

"互联网+"环境下初中英语书面表达核心素养培养并不是单纯的技术上的混合，还是为学生创造一种真正高度参与性的、个性化的学习体验。这个阶段的核心素养培养的重点是"以学生为中心"。所谓"核心素养培养"，不仅是面对面教学与"互联网+"教学的混合，而且是在"以学生为中心"的环境下教学与辅导方式的融合。在日常英语教学中，通过利用互联网资源及信息，培养学生语言基础知识的学习能力和对语言的重组能力。通过引导学生进行语言功底训练、基本写作技能训练等措施，努力培养学生对词、句、篇的表达能力。在三个年级的日常教学中，利用互联网、多媒体等手段引导学生主动参与词汇、语法、句型操练，由浅到深，由简到繁，由零散到系统地训练语句表达能力。利用分阶段训练，严格要求学生正确、端正、熟练地书写字母、单词和句子。注意大小写和标点符号，进行组词造句，组句成段练习。加强学生的基本功训练，培养写作能力。力求学生在不同阶段，在教师的各种方法指导下，在互联网技术的支持下，分层次地进行分类作文的系统训练，使写作有不同层次的提高，进而提高书面表达能力。

**（三）研究方法**

（1）文献研究法：在准备阶段，通过中国期刊网、学校图书馆以及相关研究资料，了解本课题相关研究情况，立足前人的研究找到创新的起点。

（2）调查研究法：在开始研究本课题时，运用问卷、访谈等调查方法来了解教师及学生在教与学中存在的问题及需求，作为研究方案实施可行性和有效性的依据。

（3）个案研究法：平时注重收集英语写作课堂教学的案例，针对这类案例中反映出的共性问题，开展磨课和研课。

（4）行动研究法：在经过研课和磨课后，本课题组成员针对本班学生及线上线下教学的特点开展真实有效的备课及课堂教学，探索线上线下教学的有机融合方式。

（5）实验研究法：针对不同的线上线下教学方式开展优质课例的征集，形成优质课教案集和课堂实录集。

## 三、研究步骤

**第一阶段（准备阶段）：2021年7月—2022年5月**

（1）确定课题小组成员并进行相关培训。

（2）学习与课题相关的理论知识，集中讨论、相互交流，更进一步明确研究目标、内容，邀请有关专家分析课题并指导课题。

（3）查阅文献、收集资料、制订课题研究方案，进一步明确课题成员分工，课题主持人撰写开题报告，召集课题组成员开展开题工作。

**第二阶段（实施阶段）：2022年5月—2023年5月**

（1）开展问卷调查活动，分析写作教学的现状。

（2）召开多层次、多形式的专题研讨活动，组织中期经验交流，撰写课题相关论文。

（3）编写与课题相关的校本教材，形成优秀教案集。

**第三阶段（结题阶段）：2023年5—8月**

（1）收集整理各类研究资料，进行总结交流、反思，形成课题相关成果。

（2）撰写课题结题报告，完成课题结题工作。

## 四、预期成果

课题成果的主件为结题报告，附件预计包含以下内容：分年级段的教学设计、课件、研究教师的课后反思、小论文、课堂教学实录、成绩对比分析、活动记录等。

**参考文献：**

[1] 田烨，马晓莉，党静萱，等.中学英语线上线下混合式课堂的研究[J].传播力研究，2019，3（10）：177.

[2] 邹春杰.互联网背景下初中英语写作教学探究[J].神州（中旬刊），2020（4）：200.

[3] 张萍.线上与线下结合培养学生英语写作能力摭探[J].成才之路，2018（23）：41.

[4] 刘婧，安妍.基于多媒体网络环境下的英语写作能力培养模式探究[J].黑龙江教育（高考研究与评估），2010（9）：91-92.

[5] 王平华.巧借互联网，优化初中英语教学[J].学周刊，2016（14）：108-109.

[6] 许娅莉，李瑞丽.英语核心素养培养：英语书面表达：高考英语书面表达训练方式及效果[J].校园英语，2018（23）：148-149.

# "互联网+"环境下初中英语书面表达核心素养培养的研究中期总结汇报

"'互联网+'背景下初中英语书面表达核心素养培养的研究"是我们课题组于2021年申报并立项的课题，本课题旨在研究利用互联网资源及信息，把时事政治和人文新闻与写作课堂相结合。开阔学生眼界，创设真实情景，提高学生学习的主动性和创造性。通过课堂实践与写作训练，提高学生综合运用语言的能力，寻求提高学生写作能力的有效途径。通过本课题的研究，促进学生核心素养的发展。在各位专家与评委的领导与指导下，本课题进入了中期阶段，现对本课题进行中期总结汇报。

## 一、总体介绍

基础教育阶段英语课程的目标，是以学生语言技能、语言知识、情感态度、学习策略和文化意识的发展为基础，培养学生综合语言运用能力。新课程标准基础阶段规定了英语课程的若干任务，在"使学生掌握一定的英语基础知识和听、说、读、写技能，形成一定的综合语言运用能力"中，写的技能尤其重要，英语写作既能反映学生的英语水平，也能培养学生初步运用英语进行交际的能力。初中结束时，英语写作应达到以下水平：能根据写作要求收集准备素材，独立起草短文、短信等，并在教师指导下进行修改，能使用常见连接词表示顺序和逻辑关系，能简单描述化合物或事件，能根据所给图示或表格写出简单的段落或操作说明。因此，英语写作教学在初中英语教学中是很重要的环节。

我们选择了利用互联网进行初中英语写作训练的探索研究，以求利用网络在英语写作方面取得英语教学的突破，改变英语写作教学现状，促进整体教学水平的全面提高。

## 二、中期完成情况

### （一）调查分析

课题组对研究对象的写作水平进行前测与后测调查分析。以期中、期末测试为样本进行分析，具体核算出研究对象在书面表达项目中的平均分、及格率及优秀率。

研究前测情况见表1–1。

表1–1 研究前测情况

| 试验班 | 试验人数（人） | 写作项目测试分析平均分（分） | 及格率(%) | 优秀率(%) |
|---|---|---|---|---|
| 初一（1）班 | 50 | 15.7 | 61.2 | 30.0 |
| 初一（2）班 | 51 | 14.5 | 55 | 20.0 |
| 初一（3）班 | 49 | 15.1 | 59.6 | 20.0 |

研究后测情况见表1–2。

表1–2 研究后测情况

| 试验班 | 试验人数（人） | 写作项目测试分析平均分（分） | 及格率(%) | 优秀率(%) |
|---|---|---|---|---|
| 初一（1）班 | 50 | 19.1 | 78.3 | 43.0 |
| 初一（2）班 | 51 | 17.8 | 67.9 | 32.0 |
| 初一（3）班 | 49 | 18.5 | 71.2 | 36.0 |

通过调查分析，可以看出在利用互联网进行英语写作后，学生整体的英语写作水平有了一定的提高。

### （二）进行英语手抄报比赛

人教版新目标英语设计了许多话题，根据教材定期布置任务（任务型教学），把试验对象分组，充分发挥学生的想象力，依托互联网，办出本组理想的写作手抄报。小组之间交换互评，评出最具创新的手抄报，定期张贴宣传。

七年级上学期部分写作主题，见表1-3。

**表1-3　七年级上学期部分写作主题**

| 课题 | 写作主题 |
| --- | --- |
| Unit 1 | 以"My"为题，介绍一个人物 |
| Unit 2 | 寻物启事与招领启事 |
| Unit 3 | 写一封信介绍你的全家 |
| Unit 4 | 画一幅自己卧室的图画，并介绍自己的卧室 |
| Unit 5 | 根据表格内容介绍Mary和Mike的喜恶 |
| Unit 6 | 编写一段购物对话（10句左右） |
| Unit 7 | 给Mr. Cool's Clothes Store写一则广告 |
| Unit 8 | 描写一部你最喜爱的电影 |
| Unit 9 | 学校运动日要召集10名运动员，请写一份海报 |

七年级下学期部分写作主题，见表1-4。

**表1-4　七年级下学期部分写作主题**

| 课题 | 写作主题 |
| --- | --- |
| Unit 1 | 给你的笔友写封信，介绍你和你的家人，你最喜欢的运动、科目及电影 |
| Unit 2 | 根据图示给朋友发E-mail，告诉朋友如何到你家 |
| Unit 3 | 画一只你最喜欢的动物，并简单介绍 |
| Unit 4 | 以"My Ideal Job"为题写一篇短文 |
| Unit 5 | 画一幅图画，要画出某个动作及天气状况，根据图画编写对话或句子 |

## 八年级部分写作主题

八年级上学期　①根据提示写一篇到青岛旅游的短文。

　　　　　　　②编一段对话，谈论交通方式。

　　　　　　　③描写寒假中的一两件事。

八年级下学期　①写出老师、家长、同学对你的评价及自评。

　　　　　　　②采访你的同学，询问他们最喜爱的运动是什么，并了

解他们从何时开始锻炼的、锻炼时间等。

### （三）调查问卷与个别访谈

在研究中期设置了调查问卷。根据调查结果，了解研究效果，根据所得的成果信息，对研究方案进行修正、调整和补充，对部分研究对象进行谈话调整，并回收调查问卷与谈话记录。

**互联网环境下初中英语书面表达核心素养培养的研究的调查问卷**

学校_____　　　　年级_____　　　　性别_____

备注：①把圈画在您选定的代码上；②在问答题后面，简要叙述您的观点。

衷心感谢您的支持！

1. 你对互联网背景下的英语写作有兴趣吗？（　　　）

A. 有兴趣　　　　　　　　B. 一般　　　　　　　　C. 没兴趣

2. 有没有使用网络进行英语写作的习惯？（　　　）

A. 有　　　　　　　　　　B. 没有

3. 你对老师利用网络进行英语写作教学感到满意吗？（　　　）

A. 满意　　　　　　　　　B. 一般　　　　　　　　C. 不满意

4. 你认为互联网背景下英语写作的难点在于（　　　）

A. 审题　　　　　　　　　B. 组织表达

5. 目前，你提高英语写作能力的主要途径是（　　　）

A. 老师辅导　　　　　　　B. 自己练习或模仿

C. 阅读英文刊物　　　　　D. 网络

6. 你认为老师利用互联网进行英语写作教学后对你的写作有帮助吗？

（　　　）

A. 有　　　　　　　　　　B. 无

7. 你喜不喜欢老师利用互联网进行英语写作教学？（　　　）

A. 喜欢　　　　　　　　　B. 无所谓　　　　　　　C. 不喜欢

8. 如果你是英语老师，你怎样利用网络上写作课？

## （四）论文发表与研究

在《中小学教育》上发表了论文《"互联网+"环境下初中英语书面表达核心素养培养的研究》。将互联网技术运用在初中英语课程的学习中，能够有效地提高课堂教学效率，使学生能够全面发展，对初中生核心素养的提升具有重要作用。在初中英语课程教学过程中，书面表达写作能力不仅是教学内容之一，也是初中英语课程教学的重难点，对初中生英语成绩的提高具有重要作用，对初中生核心素养的培养也产生了一定的影响。在此背景下，初中英语教师应充分利用互联网技术，结合具体课程教学内容，巧用网络教学资源，立足于初中生的个体发展，以充分激发初中生的英语写作能力为主要目的，围绕初中生的实际学习需求和认知能力展开个性化写作教学活动，从而有效提高初中生的英语书面表达能力，从而有效地提高初中生的英语成绩。本书主要对互联网技术在初中生英语核心素养培养方面的重要性进行阐述，为利用互联网技术培养初中生书面表达核心素养提出相应的策略，探讨如何充分利用"互联网+"模式开展初中英语写作课程教学，以充分提高初中生的英语成绩。

# 三、取得的效果

## （一）学生写作能力得以提升

极大地提高了学生对英语的重视程度和学习兴趣，促进了学生英语水平的提高，学生的自信心增强了，写作能力慢慢上来了。学生英语写作能力的提高又促进了对英语的进一步学习，使学生在英语听、说、读、写方面得到了全面的发展。我们进行课题与日常写作教学相结合的尝试，学生愿学、乐学，颇有成效。下面是课题实施前与实施后学生对英语的学习态度的调查分析（见表1-5）。

表1-5　课题实施前与实施后学生对英语的学习态度

| 项目 | 对英语的态度（%） | | | | 写作情况（%） | | |
|------|------|------|------|------|------|------|------|
| | 不喜欢 | 一般 | 热爱 | 感兴趣 | 不及格 | 及格 | 优秀 |
| 实施前 | 3.6 | 51.4 | 35.1 | 9.9 | 20.3 | 56.8 | 22.9 |
| 实施后 | 2.0 | 38.6 | 40.3 | 19.1 | 10.8 | 62.5 | 26.7 |

如表1-5所示，英语写作教学的研究与测试对学生学习态度、总成绩等多方面有明显的促进作用。

**（二）学生参与意识得以提升**

英语写作教学的研究与测试转变了学生的学习方式，锻炼了学生多种能力，提高了学生对英语学习的参与意识。在试验中，我们注重听、说、读、写四种能力的综合培养，听和读是理解的技能，说与写是表达的技能。这四种技能在语言学习和交际中相辅相成、相互促进。四种能力一体化的教学把学生从接受知识的容器变成了学习知识的主体，把学生带进了一个崭新的世界，使学生对学习产生了浓厚的兴趣，大大激发和培养了学生自主学习的能力和创造力，拓宽了学生的视野，扩展了学生的知识面，更有效地促进了学生自主学习和终身学习的能力。

**（三）学生团队意识得以提升**

英语写作训练除了提高学生的综合语言应用能力外，还在健全学生思想品德、团结互助方面发挥了积极的作用。英语写作训练让学生掌握语言沟通与表达技巧，通过组织学生参加英语写作训练，给了学生实际锻炼的机会，学生在平时和同学的交流写作中，互相帮助，互相配合，共同完成课题小组组织的各种活动，增强了团结意识，培养了良好的合作精神。

**（四）师生综合素养得以提升**

教师自身的素质得到了发展，教师的教学思想得到了根本性转变，教师的教学水平和科研能力有了很大提高。正是由于经过英语写作试验，教师发现不仅教学要求更高了，而且更全面了，老一套教学方法已显得滞后。因而出现了教师学习新理论，努力钻研教材，练习英语，不断探讨和改进教学方法的新局面。这样就很好地发挥了英语课题试验对日常教学要求和对培养学生良好学习习惯的导向作用。

实践证明，英语学习中的听、说、读、写的发展是相辅相成的。加强英语写作能力的培养极大地调动了学生学习英语的积极性，对贯彻课程改革的精神，提高英语课堂教学及课外活动质量，实施学科素质教育都起到了积极的推动作用。当然，我们的尝试与探索目前还处于初级阶段，还有许多问题未能妥善解决，我们将在教学过程中继续努力探索，让英语写作在我校更扎实、更全面、更有效地开展。

## 四、今后的工作措施

（1）在今后的试验过程中，我们应进一步引导教师转变教育观念，放下包袱，使该项目在促进教师发展和学生成长方面发挥更大的作用。

（2）结合项目试验，努力提高广大试验教师的科研能力。今后一个时期内，应有针对性地采取措施加强教师在科研方面的指导和服务，使项目实施的过程真正成为广大试验教师提高的过程。

（3）对于学生评价，要逐步建立多元化英语评价体系，今后我校要通过各种渠道开展英语故事、歌曲、课本剧的比赛，加强口语和听力的训练，提高学生学习英语的积极性。注重强调"育人为本"的评价理念，今后我们对学生英语学习的检测工作，将更加重视对语言、行为、认知、情感和个性的整体评价，力求面对学生的完整存在，激励学生的全面发展。

（4）进一步发挥评价手册的积极作用。积极做好形成性评价与总结性评价，落实好三条基本宗旨：关注和促进学生的成长；开发多元智能，促进初中课程的整合；促进学生自主学习能力的发展。

（5）在写作训练中，教师应按照循序渐进的原则，注意学生之间的层次差异。教师的写作教学应该从实际情况出发，顾及各层次的学生。

中 篇

# 教学设计精选

## ——用笔践行人生

# Unit 1　What's the matter? Writing （发生了什么事？写作）教学设计

## 一、教材分析

本课时是人教版新目标英语八年级下册第一单元第六课时。本课时是一节写作课，本单元的核心话题是讨论健康问题和事故，并给出建议，教学内容贴近学生实际生活，容易激发学生交流的兴趣。同时，在循序渐进提高学生学习的过程中，本课时教学内容的学习，会为本单元的进一步学习奠定词汇、句式基础，为最后语言的输出提供有力的支持。

## 二、学情分析

学生有一定的语言基础，基本了解相关句型，会对健康话题感兴趣。

## 三、教学条件分析

智慧教室配有电子白板，每位学生有平板电脑，教学中充分利用这一媒体技术，形象、直观、便捷地展示了抽象的过程。

## 四、Teaching aims（教学目标）

（1）Be able to talk about how to keep healthy in our daily life.（能够谈论如何在日常生活中保持健康。）

（2）Learn to prepare and use the linking words to write a better composition about how to keep healthy.（学会准备和使用连词来写一篇关于如何保持健康的好作文。）

## 五、Teaching key points and difficulies（教学重、难点）

Be able to improve students ability of writing by analyzing and discussion.（能够通过分析和讨论提高学生的写作能力。）

## 六、Teaching Method（教学方法）

Using the multimedia.（利用多媒体。）

## 七、教学过程

具体教学过程见表2-1。

表2-1　教学过程

| 教学步骤 | 教师活动 | 学生活动 | 资源使用 | 设计意图 |
|---|---|---|---|---|
| Step 1. Leading in (Waming-up) | 1.Play a video.<br>2.ask students to answer one question: Which is the most important to you?<br>（1.播放视频。<br>2.让学生回答一个问题：哪个对你来说最重要？） | 1. Touch parts of your body following the video.<br>2. Students are asked to use the responder to choose. Then present the result on the screen and pick some students to tell the reason.<br>（1.学生跟着视频触摸身体的各个部位。<br>2.学生使用响应器进行选择。然后在屏幕上显示结果，并选择一些学生来讲述原因。） | 利用鸿合统计功能，学生使用手中平板选择。 | 活跃课堂气氛，及时统计结果。 |

续 表

| 教学步骤 | 教师活动 | 学生活动 | 资源使用 | 设计意图 |
|---|---|---|---|---|
| | Introduce the topic of this lesson and show some word cards to make students judge the ache or sore.（介绍本课的主题，并展示一些单词卡片，让学生判断两种"疼痛"的用法。） | Put up word cards on the blackboard.（把单词卡片放在黑板上。） | | 对前面的知识进行了梳理和巩固，并引出今天的话题。 |
| Step 2. Before-writing | Make students discuss in groups of six about how to keep healthy. Then report the result to the class.（让学生六人为一组讨论如何保持健康，然后向全班报告结果。） | Students should write down their advice on the ipad and send it to the screen.In this way, every student can enjoy the advice of each group.（学生们应该把他们的建议写在iPad上并发送到屏幕上，这样，每个学生都可以享受每个小组的建议。） | 利用"分组探究"功能上传讨论的结果。 | 分组完成任务，而且在每个任务中利用平板功能增强学生的好奇心和注意力来有效地完成阅读任务。让学生自己动手操作平板，当堂检测，进行生生互动。设计从易到难，由浅入深，层层递进。 |
| | Teacher lead students to summarize the way to keep healthy, and draw a mind-map.Then present some details about good eating habits and living habits to make students to make sentence by using different stuctures.（教师引导学生总结保持身体健康的方法，并绘制思维导图。然后介绍一些关于良好的饮食习惯和生活习惯的细节，使学生运用不同的结构造句。） | Here students will have a group competition. Who wants to answer questions shoud get the chance by pressing the responder as quickly as they can.（学生将在这里进行团体比赛。想要回答问题的人应该抓住机会，尽可能快地抢答。） | 利用"截图出题"里的抢答功能。 | 让学生借助思维导图复述语言句型来培养学生的综合语言应用能力，鼓励学生大胆地去说。同时利用抢答功能来培养学生积极主动的学习能力。 |

| 教学步骤 | 教师活动 | 学生活动 | 资源使用 | 设计意图 |
| --- | --- | --- | --- | --- |
| Step 3. Writing-analysis | 1.Teacher questions students how to make the sentence into a better composition about how to keep healthy. Then the teacher summarize the requirements. Students can have a discussion, then share their ideas. Better logic （1. 教师问学生如何组织句子成为一篇关于如何保持健康的好作文。然后教师总结要求。学生可以进行讨论，然后分享他们的想法。厘清逻辑） Task 1 Discuss the following questions with students: What is the framework of the composition? How many passages are there in total? What should we write in each paragraph? （任务1　与学生讨论以下问题：作文的框架是什么？一共有多少段？我们应该在每段中写些什么？） Task 2 How can we better the sentences? Simple sentences can be put into complex sentences for better.Better sentence patterns can be used to improve the writing. Find some proverbs on health. （任务2　我们如何改进句子？为了更好地把简单的句子变成复杂的句子。优美的句型可以用来提高写作水平，找一些关于健康的谚语。） Task 3 How can we better the logic ?Then do some exercise to know the importance of using linking words （任务3　我们如何改进逻辑？然后做一些练习来了解使用连接词的重要性。） | | | |
| Step 4. Show time | 1.Write and Improve Students will be asked to write a composition about how to keep healthy. 2. Share it with group members and modify the composition according to writing standard. Then choose one to take a photo with the ipad and send it to the screen. （1.学生写一篇关于如何保持健康的作文，提高学生的写作能力。） （2.与小组成员分享，并根据写作标准修改作文。然后选择一个用ipad拍照并发送到屏幕上，利用投屏将学生写的作品投在白板上，随时抓拍学生的闪光点，共同评价，共同学习。） | | | |
| Step 5. Evaluation | Pick some groups to present the composition and explain why it is good. Select the winner group and ask the other students to congratulate this excellent group. （选择一些小组来展示作文，并解释为什么它是好的。选出优胜组，并请其他同学祝贺这个优秀组。） | | | |
| Step 6. Home work | 1. Polish your article with your partner. （1.和你的同伴一起润色你的文章。） 2. Take some exercise with your parents. （2.和你的父母一起锻炼身体。） | | | |

## 八、教学反思

在整个教学过程中，我始终采用启发、诱导、探究的教学方法。充分利用多媒体设备为学生提供更加丰富的教学资源，激发学生的好奇心和求知欲。为了有效地整合教学资源，更好地掌握知识，发展学生的思想，在课堂教学中利用希沃白板和希沃授课助手，采用平板电脑与白板屏幕同步的方式，充分展示学生的证明过程并及时交流评价，激发了学生的学习兴趣，提高了课堂教学效率。

# Unit 2   What time do you go to school? （你几点去学校？）说课稿

## 一、说教材

### （一）教材简析

人教版新目标英语七年级下册第二单元中心话题，是通过对日常生活作息时间的谈论，让学生学会时间的表达法。主要学习用what time和when来引导的特殊疑问句询问时间的标准用法，还有不同时间段的表达法以及表示频率副词的学习。

通过本单元的学习使学生学会不同时间段的表达法，学会用频率副词谈论自己的日常生活习惯。通过对不同时间段的系统学习和理解，使学生学会调整和安排自己的学习与课外活动时间，能够运用所学知识对某一活动进行合理的安排；使学生深刻理解时间的重要性，学会珍惜时间，并逐步养成良好的作息习惯。

本节课是本单元的Section B部分。时间的重要性是众所周知的，生活中我们经常谈论某人在何时做了某事，可是怎样才能用正确的时间表达方法来描述呢？在学生学过了一些数词和日常行为动作术语的基础上，教材在本单元的开篇通过谈论日常作息时间安排的对话来让学生认知时间，表达时间，适时而又合理。学好本节课能为学习本单元乃至今后更多的有关时间的对话和短文打下良好的基础，因此学好本节课至关重要。

（二）教学目标

**1. 知识目标**

（1）掌握Section A 1a—2c和Section B 1a-1e出现的单词和短语：time, what time, usually, get up, go to school, go home, shower, take a shower, do one's homework, go to bed 等单词和短语。

（2）掌握重点句型。

What time do you usually get up? （你通常几点起床？）

I usually get up at six o'clock/six thirty.（我通常在6：00或6：30起床。）

What time does she/he usually get up? （她/他通常几点起床？）

She/He usually gets up at six o'clock/six thirty.（她/他通常在6：00或6：30 起床。）

**2. 能力目标**

通过运用英语正确表达时间和谈论日常作息安排，提高学生的综合语言运用能力。

**3. 德育目标**

通过学习，使学生充分认识时间的重要性，让学生养成良好的作息习惯和培养学生珍惜时间的优良品质。

（三）重点与难点

**1. 重点**

（1）词汇：time, what time, usually, get up, go to school, go home, shower, take a shower, do one's homework, go to bed .

（2）句型：What time do you usually get up? （你通常几点起床？）

I usually get up at six o'clock/six thirty.（我通常在6：00或6：30起床。）

What time does she/he usually get up? （她/他通常几点起床？）

She/He usually gets up at six o'clock /six thirty. （她/他通常在6：00或6：30 起床。）

**2. 难点**

What time does she/he usually get up? She/He usually gets up at six o'clock /
six thirty的正确运用。

**（四）教具**

多媒体、电子白板。

## 二、说教法

根据《义务教育英语课程标准（2022年版）》理论指导，结合初中生的
年龄特点和认知规律，针对这一课型，我主要采用任务型教学、直观教学、
小组活动教学等方法，以学生为主体，强调学生自主学习，鼓励学生大胆尝
试，运用语言，并在语言使用过程中学习新知识。在词汇教学方面，以挂图
呈现日常行为动词短语，达到直观联想的效果，对单词的记忆产生良好的作
用。在句型教学方面，通过游戏竞猜、小组活动、问卷调查等方式，复现教
学语言点，反复练习使用，使学生达到熟练使用新句型的目的。

## 三、说学法

**（一）学情分析**

七年级学生通过此前的英语学习，掌握所学单元的交际用语和单词，有
了一定的语言能力，但对于本节课未接触过的语言点，仍有待教师的指导，
综合运用英语的能力还有待进一步提高；本单元的中心话题与学生的生活密
切相关，因此教师在教学过程中，应结合学生的实际情况，激发学生学习兴
趣，让学生主动学习，学有所获。

**（二）学法选择**

以《义务教育英语课程标准（2022年版）》理论为依据，教学本节课
时，教师指导学生课前预习与人们日常生活起居相关的行为术语和时间的表
达法，并布置学生收集有关时间的格言；课内引导学生观察、模仿并表演新
学句型，师生、生生进行多维互动交流，构建语言结构。

## 四、说教学程序

Step 1. Warming-up & Revision（热身和复习）

利用多媒体出示幻灯片。利用不同时钟指示不同时间。复习数字、时间的表达方式导入本课。

Step 2. Presentation（演示）

（1）出示时钟，询问时间What time is it? It's... 学生两人一组练习对话，掌握时间的表达。

（2）小组学习单词会读记汉语意思，通过学案出示两个单词usually, o'clock,小组讨论这两个单词的用法，再给学生两分钟将单词背下来。

（3）不同的时间做不同的事情，出示图片导入句型I usually get up at 5：00。通过划线提问，引出问句：What time do you usually get up?两人一组练习对话，掌握本课目标语言。

（4）听力练习，根据听力填空，并核对答案。

（5）根据听力内容回答问题：What time does Rick usually get up?引出第三人称单数的问答，再让学生两人一组练习。

Step 3. Practice（实践）

通过练习、写作，检测学生本节课新知识的掌握情况。

Step 4. Homework（作业）

写出你和家人的日常活动。

# Unit 3　What time do you go to school

# Section B 3a—Self Check(你几点去学校?)

# 教学设计

## 一、教学目标

### (一)语言知识目标

(1)复习英语时间的不同表示方式。

(2)复习"日常作息时间"的询问和表达,学习内容要贴近学生的生活。

(3)通过多种形式的训练来训练学生综合运用英语表达自己或对方的作息时间安排和活动计划。

### (二)情感、态度、价值观目标

让学生学会用英语谈论自己的日常生活及作息习惯;学会更合理地安排自己的学习和课外活动时间,并能够运用所学知识对某一活动进行合理安排。因此,给学生提供一些实际的训练活动,可以有效地帮助学生更好地学会制订作息计划。

## 二、教学重难点

### (一)教学重点

复习"时间的询问和表达法"以及它在具体事务中的运用。

（二）教学难点

复习运用英语表达自己或对方的作息时间安排和活动计划。

## 三、教学过程

（一）Warming- up and revision（热身和复习）

（1）Greet the students as usual.（像平常一样问候学生。）

（2）Check the homework.（检查家庭作业。）

（3）Revision.（复习。）

① Have a dictation of the new words and expressions learned yesterday.（听写昨天学的新单词和短语。）

② Let some students tell the time.（让一些学生来报时。）

（二）Ask and answer（问和答）

（1）Show some pictures of the watches .Let students talk about them.（展示一些手表的图片。让学生谈论它们。）

A.What time is it?/What's the time?（几点了？）

B.It's ...（运用不同时间的表示方式）

（2）方法指导：让学生自己总结英语时间的表示方式，并举例说明；同时归纳总结找出时间表达的方式。

（三）Pairwork

**1. 四人一组完成下面对话**

A: What time does Bob always/usually/often/sometimes/never get up/...?

B: He always/usually/often/sometimes/never gets up/... at ...

（1）run _____

（2）eat breakfast _____

（3）go to school _____

（4）go home _____

（5）do his _____

（6）clean his room _____

（7）eat dinner _____

（8）take a walk _____

（9）go to bed _____

**2. 根据时间点上所做的事情，完成一篇作文**

同学们可以按时间顺序，对这些活动进行排序；因为第一句话已标出，同学们也可以从第一句话开始，顺藤摸瓜，一步一步地将一天的活动串起来。可知第一句话的意思为"我有一个很健康的生活习惯"，可知接下来应当是Jack列举他的生活习惯；对比这些时间点可知，第一项应是从起床"get up"开始，所以第二条应是"I usually get up early at six."一句。其他的句子按时间的先后，逐步地确定。

**（四）Writing（写作）**

（1）T: Now Jack wants to make friends with you. And he wants to know about your daily routine. Please write your own routine and send an email to him.（现在杰克想和你交朋友。他想知道你的日常生活。请写出你自己的理解，发送电子邮件给他。）

（2）写作指导：首先，应在心中将自己日常的一些活动按时间顺序，列一清单；其次，按时间的先后顺序一个事情一个事情地写清楚；最后，通读一遍自己的短文看有没有错误的地方。

（3）Students make a list first they try to write their own routine.（学生首先列一个清单，他们尝试写出自己的时间安排。）

（4）Exchange their routines and check each other's answers.（交换他们的时间安排，检查对方的答案。）

（5）Let some students read their routines to the class as a model.（让一些学生把他们的时间安排作为范例读给全班学生听。）

**（五）Self check 1（自我检查1）**

（1）Please look at the words in the box below. First you should make phrases with the words in the boxes.（请看下面方框中的单词。首先你应该用方框中的单词组成短语。）

（2）Make a model for the students first.（给学生们做个示范。）

（3）Students work in groups and try to make phrases correctly. Write down their phrases on a piece of paper.（学生分组学习，尽量做出正确的短语。把他们的短语写在一张纸上。）

（4）Check the answers with the class.（和全班同学一起核对答案。）

（5）Now use the phrases to complete the sentences.（现在用短语造句子。）

（6）指导：首先，应认真阅读每句话，根据上下文的意思来确定空格处的意思；其次，综合阅读所有句子，来确定最佳的答案。

（7）学生根据教师的指导方法，阅读每个句子，并找出最佳的答案。

（8）Check the answers with the class.（和全班同学一起核对答案。）

（六）Self Check 2（自我检查2）

（1）Now look at the conversation below. Complete the conversations with questions and answers. Use the words in the brackets to help you.（现在看下面的对话。用问题和答案完成对话。用括号里的单词来帮助你。）

（2）方法指导：首先，学生应通读一遍短文，掌握短文的大体意思（可知是问答每天日常生活时间安排）；其次，要根据句子的主语来确定谓语动词的数；再次，根据括号中的提示来进行提问或回答；最后，通读一遍自己编写的对话，看是否通顺恰当。

（3）Students work by themselves. Try to make questions and answers with the words in the brackets.（学生自学。尝试用括号中的单词提出问题并回答。）

（4）Let some pairs read their conversation aloud to the class.（让几对同学给全班同学大声朗读他们的对话。）

（5）Check the answers together.（同学们一起检查答案。）

（七）Homework（家庭作业）

（1）Review the new words and expressions in Section B.（复习B部分的新

单词和短语。）

（2）Read the conversation in Self check 2. Make a new dialogue about your grandparents.（阅读自我检查2中的对话。创建一个关于你的祖父母的新对话。）

## Section B 3a-Self Check

Self Check 1:

taste good, clean my room, have a good job, get dressed, take a walk, brush your teeth

（1）taste good

（2）take a walk

（3） brush your teeth

（4）has a good job

（5）get dressed

（6）clean my room

Self Check 2：

（1）When does your mother usually get up?（你妈妈通常什么时候起床？）

She usually gets up at 5：45.（她通常5：45起床。）

Why does she get up so early?（为什么她起床这么早?）

Because she always makes breakfast for me.（因为她一直给我做早餐。）

（2）When do you usually go to school?（你通常什么时候去上学?）

I usually go to school at 7：30.（我通常7：30去上学。）

What time does your classmates usually get to school?（你的同班同学通常什么时候到学校?）

# Unit 4　I want to be an actor

# （我想成为一名演员）教学设计

## 一、教材分析

本节课的教学内容是人教版新目标英语七年级下册Unit 4 I want to be an actor第一课时。本节课主要是在学生掌握了一定的日常用语的基础上，以询问职业为背景，培养学生谈论自己与他人的职业及自己与他人将来想从事的工作，通过对话练习来掌握询问对方职业的常用语。

### （一）学生情况分析

我的学生究竟能在网络上学到多少英语知识？网络可以使学生获得哪些方面的英语知识？这两个问题是我在设计这堂课和网页时想得最多的。根据我的学生实际掌握的英语，绝大多数的学生看不懂纯英文的网站，如果也像汉语网页一样让学生自由探究，既不实际也不合理。因为网络最大的特点是交互性，所以是培养学生读和写的绝佳手段，而我们的课堂教学应该也能让学生在其他方面的能力得到提高。

### （二）教学整体设计思路

本课旨在运用网络手段，采取学生自主探究的教学方法，使信息技术真正融入我们的课堂教学。这堂课的设计紧紧扣住信息技术与学科整合的特点，在教学上从传统的以教为中心的教学设计转变到以学为中心的信息化教学设计。让学生在学习上既有主动性，又能够有与教师或其他学习者共同学习的交互环境，主动追寻学习的乐趣。同时我突破了传统的课件制作，以网页形式构建良好的网络环境，使学生在英语学科的学习中应用信息技术和学习信息技术，使学生在利用计算机和网络教学的过程中，开动脑筋、大胆想象，自己动手，培养学生的创新精神和实践能力。

我将本课的网页设计成五个板块。

一是学习目标，包括本节课学生应掌握的知识目标、能力目标、过程与方法、情感态度与价值观。

二是知识在线，包括本单元生词及可能用到的相关单词（以图片的形式，帮助学生记忆），以及目前所学的日常用语中提问的语句，学生可在自主探究时搜索到有用的信息。

三是资源协助，包括本单元涉及的句型的应用，以Flash动画的形式展出，使学生在欣赏动画的同时学会运用询问职业的句型。

四是自我检测，包括本课语法功能要点、课后探究活动、习题精选，还充分利用网络资源，将教材上的习题、游戏及欧美电影链入其中。学生在自主探究的同时，主动地、有选择地吸收感兴趣的知识，并完成习题。

五是交流展示，我将我的网站的留言板作为学生交流展示的基地，使学生的语言能更直观地反映出来。

## 二、教学目标

### （一）知识目标

**1. 重点词汇**

doctor, nurse, waiter, reporter, policeman,policewoman, bank clerk, shop assistant

**2. 重点句型**

（1）What do you do? I am a teacher.（你是做什么的？我是一名老师。）

What does your mother do?　She is a nurse.（你的妈妈是做什么的？她是一名护士。）

（2）What do you want to be?　I want to be a doctor.（你想成为什么？我想成为一名医生。）

What does she want to be?　She wants to be a policewoman.（她想成为什么？她想成为一名警察。）

### （二）能力目标

（1）学会不同工作的英文表达方式。

（2）了解同学父母的工作。

（3）学会介绍自己想从事的职业。

（4）过程与方法：通过对话练习，能掌握询问对方职业的用语。

### （三）情感态度与价值观

通过本课的学习，我们要明白：人要生存，就得工作。所以学会介绍自己或他人的职业的英语表达是十分重要的，也是很有必要的。

## 三、教学重难点

根据本节课的教学内容和学生对知识的理解程度，结合本课的教学目标与学习目标，确定本节课的重点是在学生自主探究的过程中能介绍自己或他人的职业，并能询问他人的职业。掌握句型："What do you do? I am a teacher. What do your want to be? I want to be a doctor." 难点为重点句型的实际运用。

## 四、教学策略及教法设计

英语课程是要创造一种适合所有学生的教育，而不是面向适合英语教育的学生，英语课程谋求的不仅是学生综合运用英语的能力，还要使学生通过英语学习在情感、素养和学习能力等方面得到发展。因此，这节英语课教学以学生为主体，以学生自主探究为主线，以能力的培养为宗旨。学生是学习活动的主人，教师是学习活动的组织者和引导者。教师要努力创设多种多样的方式和机会让学生通过自主合作、探究等学习方式进行学习，注重教与学的互动和生生互动。在教学过程中，教师要随时给予激励性评价（包括师生之间、学生之间和自我评价的方式）；教师要尊重学生的兴趣和独特的感受，将集体学习与小组学习结合起来。教学方法主要是学生自主探究法、任务驱动法和交际法等，使学生在教师的指导下，通过感知、探究、参与、合作等学习方法完成任务，感受成功。

## 五、本课探究任务

（1）学生能在网页的帮助下发现本课的重难点，并在自主探究和与同学交流的过程中掌握这些重难点。

（2）学生能独立完成本课的练习。

（3）学生完成课后探究活动——干部竞选及调查同学父母职业。

## 六、教学方式与教学手段

本课教学以网页为载体，通过学生自主探究的形式，使学生在自主探究和自主会话的同时掌握本课的重点。既培养了学生探求新知、运用新知的能力，又充分发挥了多媒体的交互性、开放性、协作性和反馈及时的优势。教学中辅以游戏、欧美文化、英文电影和歌曲等，使学生在玩的同时能获取新知，以达到最佳的课堂学习效果。

## 七、教学过程

具体教学过程见表2-2。

表2-2　具体教学过程

| 教学步骤 | 教师活动 | 学生活动 | 设计意图 |
|---|---|---|---|
| Step 1. Lead-in | 1. Who's on duty today?（今天谁值班？）<br>2. Answer my questions.（回答我的问题。）<br>(1)What's her name?（她叫什么名字？）<br>(2)How old is she?（她多大了？）<br>(3)What does she like?（她喜欢什么？） | The student on duty introduces himself.（值班学生自我介绍。）<br>(Prepared before class.)（课前准备好。） | 导入。 |

续 表

| 教学步骤 | 教师活动 | 学生活动 | 设计意图 |
|---|---|---|---|
| Step 1. Lead-in | (4)What's her favorite subject? （她最喜欢的科目是什么？） Get students to answer. （让学生回答。） | Some students answer the questions. （请一些学生回答问题。） | 复习反馈。 |
| Step 2. Learning aims | Well, we have learnt to introduce something about a person. For example, we can introduce his name, his age, his birthday, his like or dislike. But what other things can we introduce? Today we'll learn to talk about his job. Now, please click China website on your computer. Let's look at the learning aim. （我们已经学会了介绍一个人。例如，我们可以介绍他的名字，他的年龄，他的生日，他喜欢的或不喜欢的。但我们还能介绍些什么呢？今天我们将学习谈论他的工作。现在，请在你的电脑上点击中国网站。让我们来看看学习目标。） | Click "China website". （点击中国的网站。） Read the learning aims. （朗读学习目标。） | 使学生明白本课学习目标和探究任务。 |
| Step 3. Students Activity One | Now please write out some sentences to introduce your father, mother, sister, brother or your friend about their jobs. You can click "Knowledge online" and "Resource for help" to find the new words and sentences. Then type them on the BBS. （现在请写出一些句子来介绍你的父亲、母亲、姐妹、兄弟或朋友的工作。你可以单击"在线知识"和"帮助资源"来查找新单词和新句子。然后在BBS上打出来。） | Click Knowledge online to find new words with the pictures. （单击"在线知识"查找带有图片的新单词。） Click Resource for help——"People and Work" to learn to pronounce the new words and to use them. （单击"帮助资源"以获得帮助——"人与工作"，学习新单词的发音并使用它们。） | 学生自主探究活动：根据图片及资源协助中的People and Work动画学习生词读音及用法。培养学生自己获取信息的能力。同时，图片和动画也使教学更直观、更生动。 |

| 教学步骤 | 教师活动 | 学生活动 | 设计意图 |
|---|---|---|---|
| Step 3. Students Activity One | （略） | Write some sentences to introduce their family or their friends about their jobs on the BBS.（写一些句子介绍他们的家人或朋友在BBS上的工作情况。） | |
| | Ask students to read the sentences and show them to the students appraise them.（要求学生朗读句子，并展示给同学们看。对他们表扬。） | A student reads his sentences. Others watch the screens.（一个学生朗读他的句子，其他人看着屏幕。） | 教师主控学生留言，使学习内容更直观，并及时评价。 |
| Step 4. Students Activity Two | Well, if you want to know his job or what he wants to be, how can you ask him? Now please click "Knowledge online" and "Resource for help" to get useful information by yourselves. Then make similar dialogues in pairs.（如果你想知道他的工作或者他想做什么，你怎么提问？现在请点击"在线知识"和"帮助资源"来获取有用的信息。然后两人一组进行类似的对话。） | Click Knowledge online to learn the structure of the questions. Click Resource for help—"What do you do" to learn to make the similar dialogues. Practice the dialogues in pairs.（点击"在线知识"，学习问题的结构。点击参考资源"你在做什么"来学习进行类似的对话。两人一组练习对话。） | 学生自主探究活动：通过学生自己到网站上搜索信息，学习询问职业的句型，并组成对话，培养学生探求新知和运用新知的能力。 |
| Step 5. Importance review | Well, we've learnt to ask jobs by making dialogues. Now please look at the grammar focus. Read after me, please.（嗯，我们已经学会了通过对话来求职。现在请注意语法重点。请跟我读。） | Read the grammar focus after the teacher.（跟着老师读语法重点。） | 本课小结。本课重要知识点、句型再现。 |

续 表

| 教学步骤 | 教师活动 | 学生活动 | 设计意图 |
|---|---|---|---|
| Step 6.<br>Practice 1 | Now let's click the selfcheck to do some exercises. Please click selfcheck—learning— Section A. Let's finish the activity 1a and 1b.（现在让我们点击自我检查来做一些练习。请按自我检查—学习—Section A，让我们完成活动1a及1b。）<br>1a将图片与职业名称相匹配。<br>1b进行听力训练，这里有三组对话，每组对话中有一个职业名称，把它们选出来，然后点click answer 验证答案 | Finish the activity 1a and 1b. Then check their answers by themselves（完成活动1a和1b，然后让学生自己检查他们的答案。） | 课堂反馈练习。 |
| Step 7.<br>Practice 2 | Now, please click "selfcheck-check" to do the exercises<br>点击"自我监测—检测"，这里有一个题库，题型包括听力训练、单项选择、用所给词的适当形式填空、完形填空及阅读理解，你可以从中选择一种或两种题型进行练习，时间为5分钟。点击下页验证答案，评出得分。将完成情况输入留言板，请输入"姓名、题型、完成题个数、所得分数" | 学生根据其各自不同的水平在该题库中选出一两种题型进行练习，并将完成情况输入留言板。实现了学生分层练习、自主选择。 | 分层反馈练习：这样教学使不同层次的学生都能以其各自不同的水平自由练习，改变了以往教学的一刀切。做哪些练习由学生自主选择，既节约了时间，又使学生真正成为学习的主人。 |
| Step 8.<br>Homework | Click selfcheck— homework, let's look at the homework and finish it after class.<br>（点击自查—家庭作业，让我们看看家庭作业并在课后完成它。） | 阅读课后作业：班干部竞选和调查同学父母的职业。 | 课后探究活动。 |

| 教学步骤 | 教师活动 | 学生活动 | 设计意图 |
|---|---|---|---|
| Step 9. Improve by yourselves | Well, now you can play the game, or chick the culture to listen to the English song or watch the movies. If you have questions to ask, please type them on the BBS.（嗯，现在你可以玩游戏，或者点击文化听英文歌曲或看电影。如果你有问题要问，请在BBS上打出来。） | Play the game, or chick the culture to listen to the English song or watch the movies.（玩游戏，或者点击文化听英文歌曲或看电影。） | 在玩游戏、听歌、看电影的同时获取有用信息，了解英美文化，促进学生个性发展。 |

**板书设计：**

Unit 4 I want to be an actor（我想成为一名演员）

（1）What do you do?（你是干什么的？）

I am a teacher.（我是一名老师。）

What does your mother do?（你妈妈是干什么的？）

She is a nurse.（她是一名护士。）

（2）What do you want to be?（你想成为什么？）

I want to be a doctor.（我想成为一名医生。）

What does she want to be?（她想成为什么？）

She wants to be a policewoman.（她想成为一名警察。）

## 八、教学反思

本课教学思路清晰，教学环节设计符合学生思维发展规律，教学环节过渡较自然，学生易接受，多数学生能打开思维，较灵活多变地去想问题，课堂氛围较好，学生能积极大胆地去想去说，彼此合作交流较融洽，重点知识基本都能把握。

# Unit 5　Can you come to my party? Section A（1a—2c）（你能来参加我的聚会吗？）教学设计

## 一、Teaching aims（教学目标）

（1）掌握简单邀请的表达方式以及接受和拒绝邀请的表达方式。

（2）学会使用"Can you...?"，并用"Yes, I'd love to"和"Sorry, I..."回答。

## 二、Language points（知识点）

（一）要求掌握以下词汇

（1）名词 n. exam, flu.

（2）动词 v. prepare, meet.

（3）形容词 adj. another, free.

（4）词组 prepare for an exam, go to the doctor, have the flu, help my parents, meet my friend.

（二）要求掌握以下句式

Can you come to my party?（你能来参加我的聚会吗？）

Sure, I'd love to./Sure, sounds great.（当然了，我愿意去。/听起来很棒。）

Sorry, I can't. I have the flu.（对不起，我不能去。我得了流感。）

Sorry, I'm afraid not. I must ...（对不起，我担心不能。我必须……）

Sorry, I am not available. I have to ...（对不起，我没空。我不得不……）

## 三、Difficulties（难点）

如何用can提出邀请以及对于接受和拒绝邀请的正确表达。

## 四、Teaching steps（教学步骤）

（一）Warm-up（热身）

A guessing game.（猜谜游戏）

T: Can you guess what am I going to do on the weekends?（你能猜到我周末要做什么吗？）

（二）Presentation（呈现关键句型）

Look and say key sentences & phrases.（看并说重要的句子和短语。）

Can you come to my party?（你能来参加我的聚会吗？）

Sure, I'd love to./ Sure, sounds great.（当然了，我愿意去。/听起来很棒。）

Sorry, I can't. I have the flu.（对不起，我不能去。我得了流感。）

Sorry, I'm afraid not. I must go to the doctor.（对不起，我担心不能。我必须去看医生。）

Sorry, I am not available. I have to prepare for an exam.（对不起，我没空。我不得不准备考试。）

（三）Work on 1a（练习1a）

Match the phrases with the pictures［a-e］.（把短语和图片用［a-e］匹配起来。）

（四）Work on 2a & 2b（练习2a和2b）

（1）Listen and circle can or can't.（听并且圈出能和不能。）

（2）Listen again and complete the replies.（再听一遍，完成回复。）

（3）Match the pictures with the replies.（把图片和回复匹配起来。）

（五）Work on 2c（练习2c）

（1）Group work.（小组合作。）

Can you come to my party?（你能来参加我的聚会吗？）

I'm sorry, I don't have time.（对不起，我没有时间。）

I'm afraid not. I must...（我恐怕不能。我必须……）

I'm not available. I have to...（对不起，我没空。我不得不……）

（2）Report Time.（报告时间。）

Make a mini report with the information in last activity.（用上次活动的信息做一个小报告。）

（六）Summary & Quiz（总要和小测验）

Invitation：Can you come to the party?（你能来参加我的聚会吗？）

Replies（回答）

Accept（接受）
- Sure, I'd love to.（当然了，我愿意去。）
- Sure, sounds great.（当然了，听起来很棒。）

Decline（拒绝）
- Sorry, I can't. I have to ...（对不起，我不得不……）
- Sorry, I'm afraid not. I must...（对不起，我担心不能。我必须……）
- Sorry, I'm not available. I...（对不起，我担心不能。我……）

Reasons（理由）
- I have to...（我不得不……）
- I must ...（我必须……）

（七）Homework（家庭作业）

（1）Try to remember the words and be familiar with the target sentences to invite others.（尽量记住单词，熟悉目标句子，学会邀请他人。）

（2）Reccording to their replies to make a report.（根据他们的回答做一个报告。）

（八）单元整体教学设计模板

相关内容见附1。

新目标九年级英语下学期复习教学设计

# "中考专项——综合填空"教学设计

## 一、教材分析

综合填空以记叙文和说明文为主，也会涉及议论文和应用文。记叙文的话题以故事类为主，包括人物故事、教育故事、幽默故事、生活故事等；说明文以事物介绍、咨询建议为主。考察点主要涉及名词、代词、形容词和副词、动词等实词，穿插设置介词、连词等虚词。

## 二、学情分析

九年级学生掌握了此题型的做题技巧和相关语法知识点，尤其是对词性的掌握。学生面对综合填空有恐惧感，无从下手。

## 三、教学目标

本课时是一节复习课，本课时应达成的教学目标有以下内容。

（1）学生能掌握综合填空的特点、命题考点在哪儿。

（2）学生能掌握归纳综合填空的做题技巧，能在限制的时间范围内准确、快速地解答综合填空。

## 四、教学重难点

### （一）教学重点

（1）Part of speech(nouns,verbs,adjectives,adverbs,prepositions).（词性。）

（2）The ways of doing this kind of exercise.（做这种练习的方法。）

### （二）教学难点

（1）Fill the blanks in correct forms.（用正确的形式填空。）

（2）How to sum up the best way of this exercise.（如何总结这一练习的最佳方法。）

## 五、教学准备

学校每个教室配有网络，教学中充分利用教学助手这一媒体技术，形象、直观、便捷地展示了抽象的过程，使复习课更加生动。在课堂教学中利用网络平台里的教学助手，采用平板电脑与白板屏幕同步，充分展示学生的证明过程并及时交流评价，激发了学生的学习兴趣，提高了课堂教学效率。

## 六、教学过程

具体教学过程见表2-3。

表2-3　具体教学过程

| 教学步骤 | 教师活动 | 学生活动 | 资源使用 | 设计意图 |
|---|---|---|---|---|
| Step 1. Recognize part of speech（5分） | Warming up Leading in: Tell me part of speech.（热身：告诉我这部分词性。） | 1.Mark part of speech.（标准词性。）2.Play games about part of speech.（玩词性游戏。） | 1.运用教学助手"翻牌"功能呈现单词，增加新鲜感。2.希沃白板竞赛游戏。 | 帮助学生更好地理解。教师设立游戏，采用激励机制对有所表现的学生加以鼓励，目的是让不同层次的学生在学习过程中体验成功和快乐，培养学生的兴趣和自信。 |
| Step 2. How to use different part of speech（12分） | 1.Tell the rules of each task.（告诉每个任务的规则。）2.Ask students to choose exercise they like to finish.（让学生选择他们喜欢完成的运动。） | Finish Tasks（完成任务）1.Do exercises using nouns, verbs, adjectives, adverbs, prepositions（练习题是否使用名词、动词、形容词、介词） | 1.运用教学助手的"批注"和"拖动"功能，以及"互动试题"里的"判断题""连线题""选词填空"功能使试题形式多样化并呈现随堂检测结果。 | 利用教学助手里的课堂活动直接对学生完成任务进行检测。词性应用中设计了五个任务，而且在每个任务中利用课堂活动功能增强学生的好奇心和注意力来有效地完成任务。让学生自己动手操作，当堂检测，进行生生互动。设计从易到难，由浅入深，层层递进。 |

续 表

| 教学步骤 | 教师活动 | 学生活动 | 资源使用 | 设计意图 |
|---|---|---|---|---|
| Step 2.<br>How to use different part of speech?<br>（12分） | 3.Ask students to tell the rules of each part of speech.（让学生说出每个词性的规则。） | 2.Summarize some skills about how to change the forms of different words.（总结一些改变不同单词形式的技巧。） | 2.运用教学助手"学科工具"里的"知识导图"。 | 这是知识输出的过程。在学生熟悉之后，要检测学生的理解情况，让学生借助思维导图来复述总结做题技巧，同时鼓励学生大胆地上去说。 |
| Step 3.<br>Practice<br>（13分） | Show the exercise to explain skills together.（展示练习，讲解技巧。） | Finish it in group according to teacher's order（根据教师安排的顺序分组完成。） | 1.运用教学助手中"随机挑人"功能。<br>2.运用教学助手"添加蒙层"功能。 | 让每个学生都有回答问题的机会。抓住学生的注意力。 |
| Step 4.<br>Consolidation<br>（8分） | Show the exercise to students and limit the time.（把练习展示给学生，并限定时间。） | Finish it by yourself and tell the reasons.（自己完成并说出原因。） | 利用教学助手和云校家将学生写的作品投在白板上。 | 随时抓拍学生的闪光点，共同评价，共同学习。 |
| Step 5.<br>Homework<br>（步骤4家庭作业）<br>（2分） | You must:（你必须：）<br>1.Finish the exercise on the paper.（完成纸上的练习。）<br>2.Mark part of speech about some words.（标记一些单词的词性。） | | | 不同学生的英语程度不同，学生可以根据自己的实际情况来完成作业，分层教学。 |

板书设计：

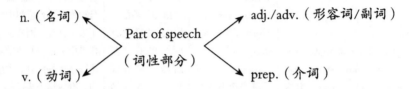

## 七、教学反思

**（一）面向全体学生，为学生全面发展和终身发展奠定基础**

（1）创设各种情境，鼓励学生大胆使用英语，对学生在学习过程中的失误和错误采取宽容的态度。

（2）为学生提供自主学习和直接交流的机会，以及提供充分表现和自我发展的空间。

（3）鼓励学生透过体验、实践、合作、探索等方式，发展听、说、读、写的综合潜力。

（4）创造条件让学生能自主发现问题，并自主解决问题。

我始终采用启发、诱导、探究的教学方法。充分利用教学助手为学生提供更加丰富的教学资源，学生在课堂上带着任务去复习知识点，并且通过自己操作去完成任务，在大量的活动中让学生去感知语法点，使其能够总结出学习方法和答题技巧，同时激发学生的好奇心和求知欲。在课堂中利用希沃白板教学和教学助手，采用平板电脑与屏幕同步的方式，充分展示学生成果并及时交流评价，激发了学生的学习兴趣，提高了课堂教学效率。

**（二）加强对学生学习策略的指导，让学生在学习和适用的过程中逐步学会如何学习**

（1）用心创造条件，让学生参与阶段性学习目标的达成过程，以及掌握实现目标的方法。

（2）引导学生在学习过程中进行自我评价，并根据需要调整自我的学习目标和学习策略。

以人教版新目标英语八年级下册Unit 2 I'll help to clean up the city parks 教学为例，见表2-4。

表2-4　人教版新目标英语八年级下册Unit 2 I'll help to clean up the city parks 教学

| 课题 | Unit 2  I'll help to clean up the city parks. Section B(1a-1e) | | |
|------|------|------|------|
| 设计者 | 李瑞三 | 单位 | 盐池县第五中学 |

| | | |
|---|---|---|
| 学情分析 | | 八年级学生对英语已经有了一定的基础，但部分学生对英语的兴趣不是很浓，他们更喜欢从游戏中或活动中学习，因而，激发他们的学习兴趣，成为本课不可或缺的一个环节。为此，我采取了图片、游戏等可以吸引学生眼球的辅助工具，这样更能提高学生的学习兴趣，让学生更轻松地掌握英语知识。除此之外，我在课堂教学中频繁使用"Well done, Good job"等积极的语言对学生进行鼓励。 |
| 教材分析 | 课程标准 | 1.能听懂简单故事的情节发展，理解其中主要人物和事件。<br>2.能在教师的帮助下，或根据图片用简单的语言描述听力内容。<br>3.能理解听力材料中事情发生的顺序和人物行为。<br>4.能用词组或简单句进行书写。 |
| | 教材地位 | 本节课是Unit 2第3课时，中心话题是志愿服务及慈善活动，引导学生关注社会，利用自己的特长为他人、为社会做事情。在此之前，学生已经学习了Section A，为Section B的学习起到了铺垫的作用。因此，该课时在整个教材中起着承上启下的作用。 |
| 教学目标 | 知识目标 | 能掌握本课时单词及短语：fix, broken, wheel, fix up, give away, take after, be similar to等。 |
| | 能力目标 | 通过本课的学习，提高学生的听说能力。 |
| | 情感态度价值观目标 | 帮助学生培养为他人着想，热爱公益事业，乐于奉献的美好品质。 |
| 教学重点 | | 掌握动词短语的运用，提高学生的听说能力。 |
| 教学难点 | | 听力训练，提高学生的听说能力。 |
| 教学方法 | | 听说法、任务法、情境教学法。 |
| 课时安排 | | 1课时。 |
| 课前准备 | | 教师：收集相关视频、图片，制作成课件。<br>学生：课前做好预习。 |
| 教 学 流 程 | | |

| 教学环节 | 教师活动 | 学生活动 | 设计意图 |
|---|---|---|---|
| Task 1.Warming-up | 1.Let's watch a video about the volunteers of the Winter Olympics in Beijing.<br>（我们来看一段北京冬奥会志愿者的视频。）<br>2.What's your feeling after watching the video.<br>（看完视频后有什么感想。） | Answer the feelings after watching the video.<br>（看完视频后谈谈感受。） | 1.将情感教育融入课堂教学。学生观看北京冬奥会，感受祖国的强大，激发学生的爱国情感。<br>2.学习志愿者乐于助人的精神。 |

续表

| 新 课 教 学 | | | |
|---|---|---|---|
| 教学环节 | 教师活动 | 学生活动 | 设计意图 |
| Task2. Presentation Complete 1a. | Step 1：出示图片，学习短语 Step 2：Play a game about key words and phrases.（玩一个关于重点词汇的短语的游戏。）引导学生完成1a。 | 学习短语。 学生完成1a活动。 | 出示图片引导学生学习本课重要的短语。 运用希沃中的拖拽功能，完成1a，帮助学生巩固重点短语。 |
| Complete 1b. | Step 3：Ask students to complete 1b,match the phrasal verbs with the nouns. Then make sentences with the phrases.（要求学生完成1b，将动词短语与名词短语相匹配，然后用短语造句。） | 学生完成1b活动。 | 通过词语匹配及造句，训练学生对动词短语的运用。 |
| Pre-listening | Step 4：Listen. 出示图片、关键词引导学生说出图片内容。扫除听力障碍。 | 学生在情境中学习短语。 | 通过观察图片并给出关键词，为后面的听力做准备。 |
| While-listening | Step 5：第一次播放听力，完成1c。 第二次播放听力，完成1d。 | 学生听录音，进行排序。 Listen again. Circle T for true or F for false and give reasons.（再听一遍，图T表示正确，F表示错误，并给出理由。） | 熟练运用数字教材播放听力。通过判断正误，培养学生捕捉细节信息的能力。 |
| Post-listening | Step 6：1.According to the listening materials and fill in the blanks.（根据听力材料填空。） 2.Retell: What does Jimmy do with the broken bikes?（复述：吉米怎么处理那些坏掉的自行车？） | 学生填空并解释原因。 学生根据图片内容提示以及关键词对听力内容进行复述。 | 通过复述活动，培养学生的口语表达能力，深化对听力内容的理解。 |

| | | |
|---|---|---|
| Task 4.Exercises | 用括号内所给单词的适当形式填空。<br>1. Thanks to shared bikes（共享单车）, I don't need to _____（repair）my old bike now.<br>2.There's something wrong with the two _____ (wheel) of my bike.<br>3. At the moment my father is _____ (fix) a new lock in the door.<br>4.-What happened.<br>-The window was _____ (break) because of the wind. | 通过练习，检测学生对本课知识的掌握情况。 |
| Task 5.Summary | 学生进行总结 | 进行总结，提出希望，升华主题。 |
| Blackboard Design | Unit 2 I'll help to clean up the city parks.（我将帮助清理城市公园）<br>Section B(1a-1e)<br>Words and expressions<br>fix, broken,wheel<br>fix up,give away,take after,be similar to | |

附1：

## 中学英语单元整体教学设计模板

### 一、单元基本信息

单元基本信息见表2-5。

表2-5 单元基本信息

| 学科 | 英语 | 设计者 | 李瑞三 |
|---|---|---|---|
| 实施学校、年级 | 盐池县第五中学、八年级 | | |
| 使用教材 | 人教版课标版 | | |
| 单元名称 | Unit 9 Can you come to my party? | | |
| 单元课时 | 6课时 | | |

### 二、单元教学规划

单元教学规划见表2-6。

表2-6　单元教学规划

| 单元主题及主要内容分析 |
| --- |
| 本单元主要围绕"邀请"这一话题展开教学。主要教学内容为教导学生如何接受、拒绝别人的邀请。本次教学过程中，涵盖了多方面的教学。教师营造开放的教学环境。在课上引导学生进入情境思考，同时，积极让小组进行讨论及汇总。课堂制作任务，及时引导学生探究，并且在课上完成小组评价。 |

| 主题学情分析 |
| --- |
| 本节课主要围绕"邀请"话题展开教学，在教学过程中，学生可以学到很多交际用语，便于学生在以后的生活中，运用简单的英语进行交流。 |

| 开放性学习环境 |
| --- |
| 本次教学采用开放性学习环境，即主要利用多媒体信息平台。课程教学借助多媒体的技术优势，提供了丰富的学习资源。在教学过程中，教师主要起主导作用。学生在教师的带领下不断地完成情境任务，让学生能在放松的环境中实践所学内容，体现学生的主体地位。通过课堂的合作学习，学生能在生活中解决交际问题。 |

| 单元学习目标 |
| --- |
| **目标a：** <br> （1）能掌握本单元所学的重要单词。 <br> （2）能掌握本单元所学的重要句型，并且学会运用。 <br> **目标b：** <br> 通过课堂学习，明白人际交往的基础知识，在生活中能够礼貌地回答别人的邀请；并且在想要邀请别人参加活动的时候，能够清楚地说明自己的意图；同时，理解人与人之间的交际。 <br> **目标c：** <br> （1）在生活中，将课堂所学的"邀请"知识运用到实际当中。 <br> （2）学会正确使用交际用语中的情态动词。 <br> <br> <br> <br> 本次教学内容主要从以下几个方面展开： <br> （1）知识目标。 <br> （2）语言结构。 <br> （3）语言技能。 <br> （4）情感目标。 |

续 表

| 语篇 | 课型 | 第*课时 | 课时对应的单元教学目标 |
|---|---|---|---|
| | Section A1a—2d | 1 | （1）能掌握以下单词及词组: prepare for, exam, flu, available, until<br>（2）能掌握以下句型:<br>①Can you come to my party on Saturday afternoon?（你能在周六下午参加我的聚会吗?）<br>Sure, I'd love to.（当然了，我愿意去。）<br>②That's too bad. Maybe another time.（那太糟糕了。或许下次去吧。）<br>③Sam isn't leaving until next Wednesday.（山姆下星期三才走。） |
| | Section B1a—2e | 2 | （1）复习巩固Section A所学词组。<br>（2）进一步学习，将"邀请"应用到生活当中。 |
| | SectionB(3a—Self Check) | 3 | （1）能掌握以下单词或词组: take a trip, glad, preparation,surprised。<br>（2）可以运用can来邀请。 |

**单元课时安排**（表头）

**持续性评价的手段与方式**

（1）速度节奏巧妙设计，做好铺垫。

在本节课的开头，我并没有急于开始讲课，而是设计了"头脑风暴"这一环节，充分注意了难易搭配，要求学生快速地想出情境活动，想出活动并不难，值得注意的是，一定是与所学内容有关的活动。要注意，速度的掌握对学生的积极性有所帮助。

（2）提高学生思考积极性，脉络清晰。

在新授环节，环环相扣地呈现发出邀请的方式，以及接受邀请或拒绝邀请的回答方式，思路清晰易懂；同时，巧妙地加入了各种拒绝邀请的理由，看起来自然，重难点又突出，而且都是学生自己主动思考然后得出的结论，这样看起来脉络清晰、流畅。

（3）充分巩固听力环节，动画呈现。

在做完听力之后，我设计了一个动画呈现听力的内容，用填空的形式，在看完任务对话之后完成，以此来巩固听力环节。同时，这又为下面小组活动环节打下基础，实际上是指导学生用这样的方式来进行小组活动，一举两得。

（4）注重中西文化差异，知识扩展。

充分使用白板的交互功能，运用各种聚会，让学生将新知与实践相匹配，主动获取新知，既丰富学生的知识面，又增强了趣味性，图文并茂，有助于记忆理解，再次激发学生的兴趣。

续 表

| 教学反思（实施后填写） |
| --- |
| （1）培养学生的团队意识。<br>教室里的活动是特别的交流活动。英语课通过小组学习的方法，相互帮助和合作，促进学生的学习，提高学生的学习效果，营造课堂教学氛围。虽然有些学生比较害羞不能问教师问题，但是在小组里可以克服担心和害羞，向同学寻求建议。这种交互式教学模式允许学生在提问、交流、消除疑问和合作的过程中学习与应用语言。<br>（2）综合能力的发挥。<br>学习本课基础知识后，听力、口语、阅读、写作等综合能力得到改善，既是综合能力的表现和应用，也是重点和难点。 |

## 三、课时教学设计

课时教学设计见表2-7。

表2-7　课时教学设计

| 本单元第1课时 | Section A(1a-2d) |
| --- | --- |
| 语篇研读 | |

Conversation 1

Anna: Hello, Jeff! Do you have time this Saturday? Can you come to my party? （安娜：你好，杰夫！这个星期六你有时间吗？你能来参加我的聚会吗？）

Jeff: Sorry, Anna. I don't think I have time this Saturday, because I have promised my friend to visit him on Saturday. （杰夫：对不起，安娜。我想这个星期六我没有时间，因为我已经答应我的朋友星期六去看他。）

Conversation 2

Anna: Hello, Mary! Can you come to my party this weekend? （安娜：你好，玛丽！这个周末你能来参加我的聚会吗？）

Mary: Of course! I'm glad that I'm just free this weekend. Do I need to bring anything for the party. （玛丽：当然了！我很高兴这个周末我有空。我需要为聚会带什么东西吗？）

Anna: No, that's ok. I'll buy all the food and drinks. You can come and play. （安娜：不，没关系。我会买所有的食物和饮料。你可以来玩。）

Conversation 3

Anna: Hey, Paul. Are you free next Wednesday? Can you come to my party? （安娜：嘿，保罗。你下周三有空吗？你能来参加我的聚会吗？）

Paul: Sure. Sounds great. When does it start? Is it morning or afternoon? I need to get ready. （保罗：当然。听起来不错。什么时候开始？早上还是下午？我得准备一下。）

Anna: I set the time for Wednesday at five o'clock in the afternoon, and you will come to my house then. （安娜：我把时间定在星期三下午五点，那时你就能来我家。）

Paul: I see. Bye. （保罗：我明白了。再见。）

续表

| 学情分析 |
|---|
| 课堂教学的难点是对于解决提出邀请、拒绝邀请时，所回答情态动词的使用问题。 |

| 教学目标 | |
|---|---|
| **单元教学目标** | **课时教学目标** |
| 目标a:<br>（1）能掌握本单元的重要单词。<br>（2）能掌握本单元所学的重要句型，并且学会运用。<br>目标b:<br>通过课堂学习，明白人际交往的基础知识，在生活过程中能够礼貌地回答别人的邀请。同时在想要邀请别人参加活动的时候，能够清楚地说明自己的意图。同时，理解人与人之间的交际。<br>目标c:<br>（1）在生活过程中，将课堂所学的"邀请"知识运用到实际当中。<br>（2）学会正确使用交际用语中的情态动词。 | a.能掌握以下单词: prepare for, until, catch等单词。<br>b.能掌握以下句型:<br>①Samisn't leaving until next Wednesday. （山姆下星期三才离开。）<br>②That's too bad. Maybe another time. （那太糟糕了。下次吧。） |

| 教学重难点 |
|---|
| 本次教学的重难点就是，能否将所学的知识运用到现实生活中，能否将语句表述完美。 |

| 教学方法 |
|---|
| 游戏教学法 |

| 教学工具 |
|---|
| 多媒体现代教学 |

| 教学过程（第1课时） | | | |
|---|---|---|---|
| **教学目标** | **教学活动及互动方式（时间）** | **设计意图** | **效果评价** |
| 在每条目标后标注活动层次 | （基于英语学习活动观，对应教学目标呈现学习活动，具体描述活动的内容、过程等，以学生活动为线索描述教学过程） | （阐述活动的设计意图，体现与目标关联） | （对学习活动提出评价建议，评价无须过多，也无须求全，注意操作的可行性） |

| 教学目标 | 教学活动及互动方式（时间） | 设计意图 | 效果评价 |
|---|---|---|---|
| 阅读相关语句，进入课程状态 | T: What should I do? Just yesterday afternoon, I received a letter from my former neighbor. I received an invitation from my dear friend who wanted to invite me to a Christmas party. I wanted to go, but I couldn't do it. Because I'm going to have an exam soon, but I haven't finished reviewing. I don't know what to do now. Can you help me? What should be done is very important. Study for the exam. I don't know what to do. What should I say? Can you help me? （我该怎么办？就在昨天下午，我收到了我以前的邻居的一封信。他想邀请我参加一个圣诞晚会。我想去，但我做不到。因为我马上就要考试了，但我还没复习完。我不知道现在该怎么办？你能帮我吗？应该做什么是非常重要的。必须准备考试。我不知道该怎么办。我该说什么？你能帮我吗？） | 利用多媒体向学生展示邀请函。特殊的方式引进课堂教学，提高学生的学习兴趣。 | 大部分学生投入到教学过程中。 |
| 培养学生善于思考，积极合作的学习习惯 | Everyone saw the invitation for help information displayed on the big screen. Excuse me, classmates, what do you think he should do? Please read this invitation aloud, give your answer and explain your own reasons. （每个人都看到大屏幕上显示的求助信息。请问，同学们，你们认为他应该做什么？请大声朗读这封邀请函，给出你的答案，并解释你自己的理由。） | 通过大屏幕上的问题，引出本节课的教学内容。 | 学生积极讨论，小组合作。 |
| 提高课堂氛围，学生融入课堂 | S1: I think he can attend, because his classmates actually treat him as a true friend when they invite him. If he doesn't go, his good friend will be sad. （我认为他可以参加，因为他的同学在邀请他的时候，实际上是把他当作一个真正的朋友。如果他不去，他的好朋友会伤心的。） | 回答相应问题，并且说明自己的理由。 | 提高课堂氛围，学生积极投入教学过程中。 |

续 表

| 教学目标 | 教学活动及互动方式（时间） | 设计意图 | 效果评价 |
|---|---|---|---|
| 提高课堂氛围，学生融入课堂 | S2: I don't think he should attend, because parties are a common occurrence. The exam is serious, and you should study hard at home. If you have finished reviewing, you can attend.（我认为他不应该参加，因为聚会是常有的事。考试很严重，你应该在家努力学习。如果你完成了复习，你可以参加。）<br>教师针对学生的两种不同方向，分别进行分析。无论是同意邀请还是拒绝邀请，都需要一个好的回答。而后对本节课的社交语句及相应的重点单词进行讲解。 | （略） | （略） |
| 及时回顾课堂所学知识，课下巩固所学内容 | Homework<br>1.放学背诵2d对话<br>2.假设这周末你要开生日派对，邀请朋友参加派对。但是有些学生因为某种原因不能来。请用英语写出与他们的对话。 | 根据课堂所学内容，让学生课下完成相应作业。 | 学生记录作业,课下完成。 |

课时教学板书设计

Can you come to my party?

课时作业设计

1.放学背诵2d对话。

2.假设这周末你要开生日派对，邀请朋友参加派对。但是有些学生因为某种原因不能来。请用英语写出与他们的对话。

课后反思（实施后填写）

一开始的导入，让学生直观地了解本课重点，使学生有用英语表达的欲望。本课时的教学过程中，教师引导学生深入情境当中思考，并且小组之间进行讨论，汇总课堂所学知识。同时本次教学也存在很多不足的地方，由于课堂教学时间有限，教学内容较多，有许多举手的小组，并没有获得展现的机会。这些情况在接下来的教学过程中，我将仔细思考，继续努力提高课堂教学效率，优化课堂教学的同时又不影响课堂教学质量。

## 四、单元整体评价

本单元的教学内容主要围绕"邀请"这一话题展开教学。主要教学内容为教导学生如何接受、拒绝别人的邀请。在本次教学过程中，涵盖了多方面的教学，教师营造开放的教学环境，在课上引导学生进入情境思考；同时，积极让小组进行讨论及汇总。课堂制作任务，及时引导学生探究，并且在课上完成小组评价。

# "中考英语阅读课"教学设计

## 一、教材分析

### （一）教学内容

本课是一堂英语阅读课，文章介绍了有关阅读理解的主要类型。通过本节课的阅读教学，使学生从阅读中获取相关信息，让学生学会对信息处理和加工，提高学生的综合语言运用能力。

### （二）知识、能力与情感目标

（1）知识目标：了解阅读文章的方法，增加词汇量。

（2）能力目标：培养学生听、说、读、写的能力，尤其是阅读方面的能力技巧。通过运用多媒体，培养学生英语口头表达的能力，分析问题和解决问题的能力。锻炼学生用英语描述自己的个性。

（3）情感目标：了解中国的文化，加深对英语的理解和使用，加深对中国文化的理解与认识。

### （三）教学重难点

掌握重要的单词和短语，充分利用关键词复述课文。训练学生的快读、精读等阅读技能。

### （四）教学方法

问答式、演示法、任务型阅读法、竞赛法。

## 二、教学手段

多媒体。

## 三、教学过程

Step 1. pre-reading and warm up（读前和热身）

By asking students the following questions, the teacher can raise students′ interest in this topic.（通过提问学生以下问题，教师就可以激发学生对这个话题的兴趣。）

设计说明：为了激起学生阅读的兴趣，教师给出三个问题，让学生来回答。既引出了话题，又可锻炼学生的英语口语和用英语发言的勇气与胆量。

Step 2. leading in（导入）

Read the passage about the reading comprehension. Some students can read them fluently.（阅读关于阅读理解的短文，部分学生能流利地阅读。）

设计说明：通过多媒体展示关于阅读理解类型的文章图片，初步熟悉阅读的类型，让学生从另一个角度来认识阅读的方法，图片和英文名称给学生带来耳目一新的感觉，从而进一步引导学生的欣赏能力，提高学生的阅读兴趣。

Step 3. while reading and fast reading（读中和快速阅读）

Firstly ask some students to read some words on the blackboard. These words have been studied in the last lesson. Before students end the text, ask some students to think about what subjects will be covered in the passage. Read the passage quickly and answer the following questions.（首先让一些学生读黑板上的单词。这些单词已经在上节课中学过了。在学生读课文结束之前，让一些学生思考一下这篇文章将涵盖哪些主题。快速阅读这篇文章并回答下列问题。）

设计说明：首先让一些学生朗读本课中的单词，其中有些是生词，这些在上节课中已经领读过了；其次让学生领读单词，既复习了上一堂课的内容，又锻炼了学生的英语口语和胆量。激发了学生参与阅读的动力，体现了学生的主体地位。给学生提出任务，让学生带着任务去阅读，帮助学生预测话题，学生只要泛读就能回答这些问题，因为这些问题主要针对文章的主旨大意和比较明显的内容。引导学生分析问题，由浅入深，由感性认识到理性思考，从而降低了阅读难度，为进一步阅读做好充分的准备。

Step 4. careful reading（精读）

part one: read the details below and choose which ones are true(t),which ones are false(f). [第一部分：阅读以下细节，选择哪些是正确的（T），哪些是错误的（F）。]

设计说明：通过判断题，旨在帮助学生提高他们发现特别信息的能力，加深对文章的整体与细节的理解，学生学到了这方面的知识，培养了学生获取信息和处理信息的能力。

Step 5. competition（竞赛）

Divide the students into four groups. Let students have a competition. Choose the best group. Ask them to describe their friends.（把学生分成四组。让学生进行比赛。选择最好的团队。让他们描述一下他们的朋友。）

设计说明：为了改变英语阅读紧张而又枯燥的课堂气氛，我把全班学生分成四组来描述他人的特性，既培养了学生的口头表达能力，又锻炼了学生的团体合作能力，让学生体验和感受集体主义精神。根据学生的表现，评出最佳小组，给予适当的表扬和鼓励，也加深了学生对文章内容的理解。

Step 6. difficult points（难点）

Write some difficult and new words on the blackboard. Ask students not to refer to the dictionary or ask me for an explanation every time they come across a new word. Encourage them to guess the meaning from the context.（尽量不要把注意力集中在他们的错误上，因为这样会使学生不敢在全班面前讲话。）

设计说明：由于本课教学任务主要是培养学生的阅读技巧，文章中琐碎的语言点我安排在下一课时。文中的新单词和比较难理解的词汇，我并没要求学生查字典，也没有直接说出它们的汉语意思，而是鼓励学生根据课文中的具体语境来猜测词的含义。特别要注意该词所在的前后句子。

Step 7.post reading：discussion（读后讨论）

让学生联系自己分组，讨论星座、生肖和人的性格的相关话题。然后每组挑选一名代表对自己进行描述。

Try not to focus on their mistakes, as this will discourage students from speaking in front of the class.（做一些课文练习来练习短语。）

设计说明：组织学生根据文章内容或者他们能找到的生肖和星座中关于性格的资料，在课堂上分成小组进行讨论。学生是讨论的主体，我给予适当的鼓励，一定不要专注于学生的错误，因为他们可能因此丧失在课堂上发言的勇气和信心。应侧重于训练学生开口说的技能。

Step 8. homework（家庭作业）

Do some exercises on the text to practise phrases.（在课文上做一些练习来练习短语。）

# "线上教学显神通，趣味教学促提升"
# 教学案例

## 一、情况简介

如何解决线上教学存在的问题是所有教育人共同努力的方向之一。初中生好动、自制力较差，教学应尽可能有趣味性，宜以活动和操练为主。教师在选择教学策略、设计教学流程时应注重学习方式，让学生在有趣的活动和操练中自主学习新知识，运用新知识。本案例在摸索线上教学如何积极引导学生，与学生进行优质的互动，调动学生学习的积极性上下功夫，力求做到寓教于乐，现与各位同仁进行探讨。

## 二、学情分析

我们学校是一所县城里的中学，学生多居住在县城，受环境和网络的影响，线上教学开展起来比较困难。初中生活泼好动、自制力差，如何让学生注意力集中，学有所获，成为线上教学的一大难题。

## 三、教学目标

（1）能让学生的注意力集中在线上课堂40分钟。

（2）课堂能够互动起来，让学生体会到乐趣。

（3）让所有学生都能参与进来。

## 四、主要内容

根据教学目标，从三个方面对实现目标的路径和方法进行探讨。

### （一）如何让学生的注意力集中在屏幕前

起初，考虑学生的实际情况，为了能够协调家长时间，提高学生学习的效率，我将预学内容以小视频的方式发到宁教云和微信群中，给学生以更加灵活的时间选择。在一次家长反馈中，我发现我的想法太单纯了。学生是家庭的中心，没有教师的督促，学生难以自主学习，连5分钟的预学视频都看不下来。家长心力交瘁求助于我。但是即便有我从旁督促，仍收效甚微。正是这一次次的失败，让我想到了一个好主意。利用直播预习，与学生更好地互动。用电脑（手机、平板）上课，和在教室中与学生面对面上课确实有很大的不同，如何让学生线上学习像线下一样集中注意力呢？追求教学的仪式感，课前要把衣着和仪态调整到位。穿上在教室上课的衣服，做好在教室上课的仪态整理，收拾好直播要用到的桌子，摆放整齐上课的所有工具。在课前，通过微信、QQ等即时通信工具要求学生做好准备，提醒学生，要像在教室里上课一样，收拾好学具和书桌，按时端坐在书桌前面，衣冠整洁，精神焕发地来听课，并做好随时被抽中发言的准备。鼓励和表扬表现好的学生，以起到榜样示范作用。

充分利用课前、课尾环节和学生交流感情。在开始上课前和下课时，教师打开视频摄像头，利用视频通话和学生进行互动，开一个玩笑，调侃几句，让学生感到轻松的课堂氛围，从而更能集中注意力。还可以让学生打开麦克风，部分学生可以打开视频摄像头互相见个面。教师既可以聊一些轻松的话题，也可以和部分学生互动。还可以让学生连线互动，放松一下。教师在讲到某些重要知识的时候，可以适时视频"露脸"，让学生能看到教师的动作和神态，这会对学生产生较好的感染力。

### （二）课堂教学具有趣味性，增加互动频率

初中生的自制力差，课上的随机点名连麦互动小游戏就变得尤为重要。

面对教师突然的点名，学生会不由地集中注意力于屏幕前。但是长时间的紧张不利于学习，这时就可以适当地插入一些小互动，缓解学生的紧张感。

**（三）让所有学生参与进来**

要想线上学习和线下学习一样让所有的学生都能参与进来，教师、家长、学校的合力是必要条件。

**1. 学校层面**

在即将开始的线上课堂上，没有我熟悉的三尺讲台，没有我熟悉的长方形黑板，也没有我熟悉的彩色粉笔，只有电脑和手机，我该怎么上这节课呢？我该用什么教学平台上这节课呢？我该先从哪儿着手进行备课呢？这些都是我脑海中冒出的疑问，也是我需要面临的一道道难关，对习惯用传统线下教学模式的我来说，就是一个全新的挑战。用一片茫然，真的可以来形容我当时的心情。好在学校精心安排部署，为我们提供了线上教学软件培训，校长还亲自给我们开会，为我们加油鼓劲。在微信工作群中，校领导经常推荐一些优质课，以及一些优秀的公众号来供我们参考。我仔细学习总结别人的教学经验，看视频课程，优中选优和同事交流经验，力求把最好的课堂教学提供给学生。

**2. 教师层面**

开始上网课后，我也没有急于上新课，而是对学生进行收心教育，告诉学生我们"宅"在家心不要慌，学业也不能荒！我也积极与家长沟通，让他们抓住这难得的在家时间，陪学生一起学习，一起成长。

**3. 家长层面**

面对陌生的线上教学，学校也难以保证线上教学的学习效果，所以此时，家长的监督与陪伴就显得尤为重要，家长要监督学生好好学习，帮学生跟上教学进度，每天按时关注线上消息，确保及时接收信息。线上学习不比学校，在学校，教师布置的作业，对功课的要求，学生自己记下不用家长操心。但是线上教学不一样，尤其是年纪较小的学生，还不能独立自主进行线上沟通。这个时候，就需要家长叮嘱学生，按时查看教师的通知，以防学生有时可能会忘记。

## 五、特色创新

初中生活泼好动，教学应尽可能地有趣味性，宜以活动和游戏为重要抓手。教师在选择教学策略、设计教学流程时注重学习方式，让学生在有趣的活动和游戏中自主学习新知识，运用新知识。相比于传统线下教学，线上直播课把握起来难度更大，但是教学方式也更灵活，可以由教师自己教学，先预学，再补充，线上与线下学习相互渗透。这样一来对于教师的考验很大，于是我便有了以上的思考。

## 六、成效影响

采用寓教于乐的互动方式，推动注重仪式的课堂教学，在家长和教师的配合下，学生的反应十分热烈，有一种意犹未尽的感觉。学生总是说，老师，再多讲一会儿吧！总是迟迟不愿离开视频会议，这让我感到很欣慰。线上教学不是猛虎来袭，不能仓促应对，在教育、教学信息化不断强化的今天，线上教学无疑是一次正面实践，更是一种教育现代化的直观体现。

# "分析教材，让知识树常青"说课设计

我的说课内容是人教版新目标八年级英语上册，我将从说课标、说教材、说建议这三个方面进行说课。

## 一、说课标

### （一）新目标八年级英语上册课标的总体要求

新目标八年级英语上册课标的总体要求分为三个目标、四个任务、五个内容标准。

**1. 三个目标**

（1）以培养学生的综合语言运用能力为总体目标。

（2）以培养学生的语言技能、语言知识、情感态度、学习策略和文化意识等素质为具体目标。

（3）以促进学生个性发展为根本目标。

**2. 四个任务**

培养学生的学习兴趣、语言综合运用能力、创新能力和文化意识。

**3. 五个内容标准**

学习策略、语言知识、语言技能、情感态度、文化意识。

### （二）课程标准下的具体目标

课程标准下的具体目标:学习策略、语言知识、语言技能、情感态度、文化意识。

学习策略：认识策略、调控策略、交际策略、资源策略。

语言知识：语音、词汇、语法、功能、话题。

语言技能：听、说、读、写。

情感态度：动机兴趣、自信意识、合作精神、祖国意识、国际视野。

文化意识：文化知识、文化理解、跨文化交际意识及能力。

## 二、说教材

说教材包括四个方面，即教材定位、编写体例、教材特点、编写意图。

### （一）教材定位

新目标八年级英语上册是人民教育出版社出版的义务教育课程实验标准教科书英语系列教材之一。该教材采用的是任务型语言教学模式，融汇话题交际功能和语言功能，形成了一套循序渐进的生活化的学习程序，便于培养学生综合运用语言的能力。

### （二）编写体例

初中整体构建下的新目标八年级英语教材有三个加深、三个过渡。三个加深是指听力材料难度加深，语法项目难度加深，阅读短文难度加深。三个过渡是指词语运用到句型运用，听简单对话到较长对话，情景交际到理解。

### （三）教材特点

新目标八年级英语上册的四大亮点：①以话题为核心，以功能为支撑，以结构为平台，以任务为载体；②话题与日常生活密切相关，强调日常交流的重要性；③话题训练富有梯度；④包含浓郁的文化气息。

### （四）编写意图

突出学生的主体地位：①过程评价，全面发展；②面向全体，培养素质；③完成任务，体验参与；④学会方法，促进交流。

## 三、说建议

相关建议包括精讲、多练、细查、多补四个环节。

**（一）精讲**

精讲包含设疑、讲解、答疑三个环节。

设疑：在学生预习课文的基础上设疑，使疑问设在教材的重点和难点上，设在学生不易理解和易混淆的知识点上。

讲解：少、精、活、透地讲解，将单词、词组、句型同课文融会在一起进行讲解，在单词中学语音，在课文中理解句子。

答疑：让学生提出难点。教师根据学生的难点启发式地进行少而精地讲解与归纳。

**（二）练**

多练：听、说、读、写、词汇方面的训练。

听、说为基础，读、写是重点，学生参与是关键。

听：让学生学会速记，听重点词句，做好听力材料的疏导。

说：巧设情境，激发兴趣，遵循全控半控拓展原则。

读：培养阅读速度，技巧，阅读量，拓展知识面。

写：参考相关内容进行模仿。

词汇：通过记忆短语句子来掌握单词的用法，词汇的积累是听、说、读、写的前提。

**（三）细查**

既可以通过平时的练习、作业、学习之友、阶段测试、个别谈话来检查，也可以通过学生回答问题、复述、背诵课文、听写等查出存在的问题，从而及时更正，及时辅导，要查得细，达到查漏补缺的目的。

**（四）多补**

对于优等生，为了使他们"吃得饱"，可以编一些灵活性、综合性强的试题，以弥补能力的不足，对于后进生可列出常错题，使其限时做、当面做，及时面批讲透，让其消化好。

# 掌控中考写作，提高核心素养

## ——人教版新目标中考英语书面表达教学设计

我们都知道，英语书面表达在中考中占据重要位置，总分是15分，同时英语书面表达也是考生语言综合运用能力的体现，是令很多考生头疼的问题。要在一篇短短80个单词的文章里表达清楚一件事，或阐明一种观点，不仅要求学生有高度的概括能力， 而且要求学生有熟练的英语驾驭能力。在培养学生书面表达能力的过程中，如何谋篇一直是被忽视的。

## 一、教学目标

本节课针对学生书面表达过程中出现的错误，就如何提高学生英语作文写作技巧，学习和掌握书面表达策略展开教学。具体来说，应实现如下几个目标。

（1）通过解读中考考纲，了解中考评分原则。

（2）通过对2021年书面表达的实际演练，对如何写作进行讲解。

（3）掌握写作高分技巧和策略。

## 二、学情分析

中学英语书面表达字数要求不多（80个词左右），开放度不高（情境已经通过中文或图片给出），因此学生对书面表达构思不够重视，轻视审题，不假思索，信手就写，甚至逐句翻译，致使作文信息点叠加在一起，语句间逻辑联系不紧密，从篇章上来看作文缺乏层次和结构。产生这些问题的原因主要有以下几个方面。

（1）心理恐惧。部分学生一遇到英语写作就产生恐惧心理，特别是当看到有些情境难以用英语表达出来时，这种恐惧心理就更加"猖獗"。学生不知道写作第一步应该是谋篇，谋篇成功就会产生"胸有成竹"之感，被一个或几个单词、句式"障目"是不可取的。

（2）认为书面表达构思简单，只要没有语言语法错误，再加上几个"漂亮"的句子就能拿高分。

（3）不知道英语写作的主旨意图，认为英语写作就是要完成教师布置的任务。

## 三、教学策略与设计

教学的主体是学生，写作的问题要让学生在教师的指导下去自主发现，并通过实践学会解决问题，培养英语写作能力。教学活动主要有以下内容。

（1）分析解读2021年中考英语书面表达。

（2）师生互动，探讨写作技巧。

## 四、教学重难点

提供有效的作文案例，对学生的心灵产生震撼，使学生了解书面表达的重要性，从而主动培养英语写作的习惯，提高英语写作能力。

## 五、教学过程

Step 1. Warming up（准备活动）

T：What do you think are important things in writing a good composition?

T：How to improve our writing skills?

（设计意图：激发学生思考，鼓励学生回答问题，准确引入正题。）

Step 2. Presentation（演示）

中考英语书面表达试题属综合运用型的试题，主要考查考生对英语综合语言运用的能力，宁夏的中考英语书面表达考试大纲均以最新版的《英语新课程标准》规定的目标要求为依据来确定考查内容与标准。

Step 3.（中考评分细则）

第一档（0～3分）能写出个别句子及与要求内容有关的一些单词或词组，不能达意。

第二档（4～6分）能写出少数内容要点（1～2个）；语言错误多，只有少数句子可读，表达不够清楚。

第三档（7～9分）能写出部分内容要点（3～4个）；语言有较多错误，行文尚能达意。

第四档（10～12分）能写出大部分内容要点（5～6个）；语言有个别错误，行文比较连贯，表达比较清楚。

第五档（13～15分）能写出绝大部分内容要点（7～8个）；语言正确，内容充实，行文连贯，表达清楚。

Step 4. The skills of writing（写作技能）

**1. 书面表达四部曲**

看（look），看话题、人称、字数、时态；想（think），列词汇、短语、句型结构；连（link），用关联词、连接成句，完成文章；查（check），检查错误，美化文章。

**2. 采用三段式作文**

（1）第一段和第三段可用宾语从句来写，字数不用太多，概括总结文章即可，并且这些语句学生可以信手拈来，阅卷教师也会多加关注。

I'd like to tell you something about...

In a word,I think/hope/believe if...

（2）第二段为写作要点。写好第一句和最后一句，本段写作时要运用一部分连接词、副词，最好不要用标点符号隔开，以吸引阅卷老师的眼球。

As far as I know,it's adj for sb to sth.

What's more...

Step 5. Writing（写作）

**1. 2021年中考作文**

假如你是李华，你所在的城市将要举行武术表演活动，你的英国朋友David写信询问活动信息。请你给他回信介绍本次活动并谈谈武术对人身心的益处，内容要点如下。

（1）活动安排。

时间：7月31日星期五上午8点开始，12点结束。

地点：光明体操馆。

内容：欣赏武术表演。

（2）谈谈武术对人身心的益处（至少谈及两点）。

（3）注意。

① 词数80个词左右（开头和结尾已给出，不计入总词数）；

② 可以适当增加细节，以使行文连贯。

参考词汇：gymnastics体育馆　kung fu 武术

Dear David,

I'm glad to receive your letter. You asked me about the kung fu performance in our city. _____

_____

_____

Hope you can come!

Yours truly,

Li Hua

**2. 师生互动，完成写作**

Dear David,

I'm glad to receive your letter. You asked me about the kung fu performance in our city. I'd like to tell you something about it.

As far as I know, it's important for us to know kung fu. The performance will be held in Guangming Gymnastics on Friday morning, July 31st. It will begin at 8 o'clock and end at 12 o'clock. We will enjoy some wonderful kung fu shows during the performance. After that, you can communicate with some famous kung fu masters face to face. What's more, kung fu can make us stronghealthy. It's good for our health.

In a word, I believe if we try our best to know more about kung fu, our world will be better and better. Hope you can come!

Yours truly,

Li Hua

Step 6. Problems in writing（**写作中的问题**）

（1）书写不整齐。

（2）动词重复，单词拼写错误。

（3）语句顺序混乱，准确的简单句很少。

（4）中文式英语表达。

（5）抄写试卷文章。

Step 7. The ways of writing（**写作方法**）

（1）注意书写、语序习惯的养成。

（2）避繁就简。

（3）淡化缺点，突出重点，做到画龙点睛。

（4）另辟蹊径，把不会的语句换种表达方式。

（5）仔细检查，认真誊写。

# 六、教学反思

本节课旨在解决学生写作的实际而又普遍的问题，所以课堂教学效果基本达到预期的目的。讲到学生存在的英语写作问题时，许多学生频频点头以示赞同，并迫不及待地使用解决办法。有些学生感慨道："以前我写英语作文不知从哪里入手，现在知道了，应先构思好文章的框架，厘清信息点，再来选择词与句，感觉到语句的表达也没有以前那么难了。"也有的学生提出了问题：现在英语作文越来越开放，我觉得选择信息点也非常重要，甚至比组织材料更重要。

下 篇

# 教学研究方略

——用心承载教育

# 数字化教学资源在英语教学中的有效应用

在全民关注均衡教育，国家大力投资教育的背景下，我所在的中学也有幸接触到了先进的教学资源，数字化教学设备的配备。学校的每个班级都装备有基于网络环境下的交互式电子白板、以投影机为终端的显示设备，这样每个班级都可以进行教学资源共享、课件播放、网络直播、收看电影电视节目等。如何使数字化教学资源更好地为教育教学服务，成为我们开始研究的新目标。多媒体资源和网络资源都属于数字化教学资源，通过利用这两类资源可以有效地促进初中英语教学，这些教育教学资源是怎样点亮人教版初中英语新教材教学的呢？我主要从以下两点进行分析。

## 一、合理运用多媒体资源，提升英语课堂教学质量

多媒体教学技术是一种新型辅助教学技术，它在英语课堂教学中的有效使用，既是英语教学改革的必然要求，也可以充分培养学生自主学习能力，提高课堂教学效率。多媒体虽然是一种辅助工具，但是它可以改变课堂教学模式，使课堂教学更高效，更能提高学生的学习效率。

听觉、视觉，都是感官意识，多媒体辅助教学可以充分调动学生的感官意识。多层次、多角度、直观形象地给学生展示知识，更能打破空间、时间的局限性。提高课堂教学效率是我们一直追求的目标。事物的认知规律是循序渐进的。多媒体教学可以把各种教学方法紧密结合起来，从而达到启发学生创造思维，引导学生主动学习，促进学生全面发展的目的。

### （一）巧设情境，趣味性强，激发学生的学习兴趣

多媒体教学有着无可替代的直观性，它有助于学生从对词汇、句子和文章的理解，延伸到对方法的掌握，重难点的突破。兴趣是一切学习的老师，只有产生浓厚的兴趣和好奇心，学生才会积极主动地去学习。激发学习的积极性对学生起着决定性的作用，多媒体资源能唤起学生的求知欲，激发学生的探索精神；更能把英语教材中没有表达出来的意境，通过直观展示，调动学生的兴趣，使学生的心理活动达到升华，从而让学生愿意学习、喜欢学习，这样就大大提高了学生的学习兴趣。生动形象的对话，优美的Flash动画，五彩斑斓的图画，目不暇接的视频，都能引起学生的注意力，激发学生的学习兴趣。

多媒体资源，在情境训练中有着举足轻重的作用，课堂气氛的创造是英语教学的基本要求，轻松、活泼、有序的课堂，可以调动学生的注意力，让学生主动学习，从而达到高效课堂的目的。创设情境教学更是多媒体教学的一大亮点，情境教学能让学生置身于真实的环境，感受真正的语言魅力，这样就很容易让英语课堂教学达成目标。例如，在设计新目标英语七年级上册Uint 7 How much are these socks？教师利用多媒体出示服装图片（贴有价格标签）进行关于服装方面名词的教学以及就如何询问服装的价格展开教学。利用多媒体展示真实的购物场景，完成3a部分书面表达的教学任务。

### （二）提高记忆牢固度，观感性强，调动学生的学习主体性

人类的记忆是一个不断学习的过程，只有通过各个感官的互动，产生共振才可以彻底掌握所学知识。英语教学中最大的难点就是词汇的记忆，如果学生只是机械式地背诵，肯定无法完全掌握目标词汇，并且随着知识量大增，词汇的掌握就更困难了。多媒体教学资源的运用能体现信息的多面性，可以让学生听得到、看得见，这能充分调动学生的各种感官参与学习。充分利用多媒体教学中的直观教具（如效果图、投影仪、简笔画等）或电化教育手段（如电子白板、投影仪、多媒体设备等）来辅助教学，使记忆通过调动多种感官同时运用，以提高记忆的质量。情境的设置是英语语言教学的最大

特点。多媒体资源更是集文字、声音、图像和动画于一体，让英语情境再现，给学生提供了合适的、更合理的教学环境。例如，在七年级英语下册 Unit 10 I'd like some noodles 课前我收集了一些食物图片，如蔬菜、饺子、蛋糕、面条、羊肉串等，我将带领学生一起进入美食乐园，学生一开始就会被这些令人垂涎欲滴的食品所吸引。这个时候教师可以充分利用学生的好奇心，用问题引入法和学生共同讨论有关食物的话题，如你喜欢吃什么东西？为什么喜欢？你喜欢吃面条吗？等等。这时候学生就会积极踊跃地发表自己的看法，烘托了课堂气氛，然后由我引导学生进入一家知名面馆，（课件展示）首先介绍这家面馆，在国内非常有名，经常有知名人士光顾，今天特推出几款特色面，让我们进去看一看吧（课件展示）。

**（三）交互性学习，交际性强，培养学生口语的能动性**

现代教育技术知识信息容量大，更是集声、文、色、形于一体。这样就改变了传统教学中单一的知识输出模式，多媒体技术的使用可以使学生合理运用多种感官来理解知识，从而能够彻底掌握知识。

交互性是多媒体教学最基本的特点，它能实现学生和学生、教师和学生之间的交流，更能让学生与机器之间交流。人机对话的交互方式可以解决传统英语教学的弊端，即可以从传统教学教师范读直接对学生进行口语指导，转变为实时语言环境中纯正、地道的英语。让学生的模仿贴近实际，感受文化差异的魅力。让学生走进生活，联系实际，拓展了学生的悟性、灵性。传统教学中学生很少有与教师进行口语交流的机会，甚至有些学生因自身性格的害羞或发音不纯正而产生心理障碍，但是现代交互式教学，可以让学生的焦虑情绪得到释放，让学生轻松地进入学习状态。在"go shopping"这一内容，教师可通过电子白板创设相关的购物语言情境，让学生在模拟购物的情境中有效锻炼自己的英语口语表达能力。通过这种方式可以充分激发学生的学习兴趣，改善传统教学活动中的单一性，学生可以将知识掌握得更牢固，从而有效提高课堂教学效率。

## 二、充分利用网络教学资源，丰富英语课堂教学

### （一）利用网络教学资源开辟中学英语教学新环境

网络的普及已经深入校园，网络教学也随之出现，合理运用网络教学资源可以丰富英语教学，有效提高课堂教学质量。网络教学使得课堂教学情境生动活泼、内容丰富多彩、人机交互高效、知识航标性强。网络教学的合理使用可将学生的学习带入一个新境界，使自主学习获得知识成为现代学生的一种有效学习方式。众所周知，有关中学英语教学的课件不少，但由于个性不强，很难体现教师特色，而有了网络之后，教师可以用PPT、Flash、电子白板软件等教学资源根据自己的意图、设想、要求制成适合自己风格、符合学生口味的特色课件。网络有着无可置疑的优势，那就是资源广阔及资源共享，任何教师、任何教材、任何教辅都不能与它提供的巨大信息容量相比。在这个永无止境的活图书馆里，有着取之不尽的教育教学信息。

### （二）充分利用网络教学资源拓展英语教学新模式

个性化的探究学习是网络教学中不可缺少的学习方式。学生可以灵活自主地选择自己愿意学习的项目，可以寻找适合自己的学习方式。校园网络平台的运用充分发挥学生自主学习的能力，可以让学生学会探究，学会利用网络的特殊性来更高效地提高学习效率，同时教师利用校园网络平台可以使课堂教学内容丰富、生动，从而提高课堂教学质量。

学生通过在网络环境下的自主学习可以高效获得知识。多媒体网络教学平台为学生创造了这样一个耳目一新的自主学习环境。通过"和教育"、国家智慧教育公共服务平台、宁夏教育资源公共服务平台等网络教学平台可以完成任务型教学，教师在网络平台上布置教学任务，学生可以通过网络平台完成任务。教师设置问题，学生可以自主地在网上寻找答案，这样学生就学会了自主解决问题。我在复习形容词的最高级时，出现了以下的问题：What's the longestriver in the world？ What's the biggest sea in the world? 因而我尝试组织学生利用网络共同查找答案，学生很快就完成了这个任务。

网络环境下的合作学习模式主要表现为：学生与学生的分享与协作式学习。在传统的英语教学中，群体活动展开得较少，对话、朗读、表演阅读是比较多的形式，学生的思维被局限了。网络环境可以让学生展开丰富的想象力，个性能够得到充分张扬。作为一个互动式的校园网络平台，给学生学习创造了新的可能，可以流畅地相互交流、信息共享、合作学习。

网络资源给了我们丰富多彩的参考资料，但是，我们也应该取其精华，去其糟粕。这样才可以优化网络资源。教师要求学生利用网络时一定要对学生进行教育，使学生对网络有个正确的认识，不要沉迷于网络，变得天天想上网娱乐而置学习于不顾。同时，要求学生利用网络收集信息，查看资料时，教师对此应该有所了解，否则无法知道查找的方法。

总而言之，数字化教学资源在英语教学中的有效应用，可以使教学更加鲜活生动、绚丽多彩。当然，多媒体资源和网络资源仅仅是数字化教学资源在英语方面的部分应用，探索数字化教学资源在英语教学中的有效应用，对英语教学改革具有重要意义。

**参考文献：**

［1］中华人民共和国教育部.义务教育英语课程标准（2022年版）［M］.北京：北京师范大学出版社，2022.

［2］胡春洞.英语学习论［M］.南宁：广西教育出版社，1996.

# "互联网+"时代初中英语听说教学范式

现阶段，英语已经变成了全球通用语言之一，并且在学生的各个学习阶段，英语学习都是一项重点内容。在传统的教学模式中，学生只能通过死记硬背这种枯燥的方式来积累英语单词，久而久之，必定会导致学生对英语的学习兴趣逐渐丧失。但在"互联网+"时代初中英语听说教学范式中，使传统英语教学的不足得到了弥补，建立了一个以学生为主体的教学课堂，并以培养学生良好的听说能力为目标，努力使学生的学习实现个性化与高效化。

## 一、范式概述

基于教学目标与教学内容，选取与学生现实生活贴近的新媒体学习资源，为学生创设相应的学习情境，并引导学生将所学的语言文化背景知识充分运用到情境中，使学生学习兴趣得到充分激发，同时还要定期定量地为学生布置相应的学习任务。在这种真实的学习情境中，学生在任务的驱动下会出现新的交际需求与目标，并自觉自愿地通过互联网平台对相关的听说资源进行收集，进而使学习实现个性化。教师作为学生学习期间的引导者与组织者，不仅要提示学生选取正确的资源，而且要将相应的听说技巧传授给学生。在学生完成学习任务后，教师需要借助网络资源为学生创设新的学习情境，引导学生对新任务进行更加深入地探讨与交流，并通过学习平台来分享自己的观点。在完成学习任务、实际运用听说语言期间，通过相应的工具与资源，学生不仅掌握了相关的单词、句式，而且更好地理解了传统课堂上强调的"双基",并意识到了语言四项基本技能（听、说、读、写）间的重要联系，同时使自身的思辨能力、思维品质、自主学习能力以及收集信息能力得到了全面提升。在该范式中，主要包括三大富有弹性的模块：一是"情境模拟、任务导向"；二是"课程链接、自主学习"；三是"真情实境、交互应用"。教师在具体实践期间，可以按照不同的教学内容，对各模块进行适当地调整。

## 二、设计思路

### （一）基于"互联网+"时代社会英语生活大情境

"互联网+"时代的到来，极大地促进了我国教育教学的改革与发展。随着信息技术的快速发展，传统的教学方式逐渐被改变，并为英语课堂教学提供了一种全新的教学模式。通过数字化平台，将课前、课中与课后的学习环境有机地融合到一起，不断推进英语教学方式与学习方式的变革，并打破时间与空间的局限，使学生能够接触到更多的学习资源。大数据的出现，使得学生的学习逐渐走向结构化，同时通过即时评价反馈机制，实现了学生的个性化学习。

### （二）立足学生核心素养的提升

在英语学科的核心素养中，主要包括以下四个部分：第一，语言能力；第二，文化品格；第三，思维品质；第四，学习能力。将新技术融入课堂教学中，能够有效提升学生的核心素养。依托互联网平台的资源共享优势，使学生能够对信息资源进行有效地收集与整合；在自我探究期间，不断提升语言运用的综合能力；同时借助数字化平台来发布学习资源，实现了信息的共享与交流，并加强了师生之间的互动，促进了双方的共同成长与发展。在技术的支持下，无论是在学习步骤与方法上，还是在学习内容与课堂评价方面，学生均实现了个性化发展。在体验与实践的过程中，学生不仅学习了相关的语言知识，而且养成了良好的文化品格与思维品质，并使自身的学习能力得到了全面提升。

### （三）价值追求

就"互联网+"时代英语听说课堂教学范式而言，其核心在于全面提升学生的学习能力，最终目标是使学生能够基于自身的实际水平对相应的素材进行选取，并使学生搜索、整合以及交流信息的能力得到增强。在此期间，听说教学模式的设计与创建的主体为学生，主要目的是引导学生制定出良好的听说学习策略，进而使学生的学习实现自主化、高效化与个性化。该教学模式的出现，颠覆了传统的英语听说教学模式，并为教学双方创造了一个彼此互动、开放的立体化学习环境。借助网络以及各种移动终端，教师能够及时获取所需的专题网站与网络资源，并为学生创设一个良好的英语学习情境，进而使学生学习兴趣得到充分激发；通过移动终端与学习平台，将学生当作整个学习过程的主体，引导学生进行探究性学习，并不断提升自己的认知水平；同时由于这种模式打破了时间与空间的局限，为学生提供了丰富多样的学习资源，使得学生的思维能力得到了有效提升；除此之外，借助多元化的评价反馈机制，使得教师能够更好地了解学生的学习状况，这不仅能提升学生自主学习的能力，使学生形成良好的合作精神，而且能使学生创造潜能得到充分激发，进而为教学的质量与效果提供可靠的保障。

## 三、实施要点

### （一）教师角色转变

第一，在"互联网+"时代下，教师需要转变自身的教学思维，使自己变成学习主题与学习过程的设计者、指导者和促进者，而非课堂教学的主导者，同时要加强对课堂教学的组织与管理，对教学课件进行设计撰写，准确评估学生的学习表现，使教学期间存在的问题得到及时解决。不仅如此，教师的主要任务不再是单纯地为学生传授信息与知识，而是培养学生良好的学习习惯与规则，进而促使学生形成终身学习的意识。第二，现代教师服务的对象主要是数字化时代下的新型学生。因此，教师需要与学生不断加强对于新技术的学习与运用，及时更新知识；教师要加快教育观念的转变，对多元教学因素进行创新整合，进而为学生创设一个更加真实与数字化的学习情境，并使教学效率得到全面提升。

### （二）新学习常规的养成

互联网的产生与发展，不仅有效提升了学生学习的主观能动性，而且使学生意识到了学习的重要性，掌握了正确的学习方法，使学生内心的各种疑惑得到了妥善解决，进而实现了个性化学习。现阶段，传统的学习方式已经无法满足现代课堂教学的发展要求，因此学生必须掌握与新型课堂教学相适应的学习方法，并努力增强自身的学习能力。在新的学习流程中，主要包括以下几个环节：第一，深入情境；第二，自主学习；第三，展示交流；第四，问题反馈；第五，拓展深化。学生需要按照教师制订的教学计划，借助移动终端与教学软件，对课堂情境与任务进行全面了解，不断提升自身知识的储备量；同时学生可以通过各种技术平台，根据自身的实际情况，有针对性地进行学习，并按时完成教师布置的各项学习任务；借助教学平台，学生可以将自身的学习成果充分展示出来，并且在展示期间，能够找出自身存在的优缺点，并得到教师与其他同学的反馈与评价；通过教师的指导与同伴的帮助，学生能够在现有问题的基础上进行深度学习，使学习内容得到深化与拓展，从而做到学以致用。

### （三）创建"互联网+"时代的英语学习场景

由于网络上拥有海量的信息资源，将互联网与课堂教学融合到一起，能够为学生创设出更加丰富与真实的学习情境，进而使英语教学的质量与效率得到有效提升。通过对英语学习网站的访问，学生不仅能从海量的英语学习资料中筛选出有利于自己学习的信息，而且能在网络上享受到外教一对一的指导，从而提升了英语学习的实用性与交际性。不过需要注意的是，虽然网络给我们带来了海量的信息资源，但是也造成了学生无法做出正确选择的问题。因此，教师需要构建与课堂教学相适应的资源库和数据包，准确甄选与分类学习资源，进而使互联网真正地融入课堂教学。

## 四、结语

综上所述，"互联网+"时代初中英语听说教学范式不仅能使学生养成良好的听说能力，有效提升学生的思维能力、实践能力以及综合素养，而且能使学生的学习实现个性化与高效化。根据实践经验可知，借助互联网来开展英语教学，能够将学生的学习兴趣充分激发出来，进而使学生的学习成绩得到全面提升。

参考文献：

[1]吕爱华.互联网情景下初中英语听说教学[J].科学导报，2018（12）：15.

[2]刘新民，段丽萍.基于互联网环境分级与网络化教学创新英语听说课[J].都市家教（下半月），2015（5）：138.

# "互联网+"环境下初中英语"翻转课堂"教学模式分析

网络新兴技术的出现与普及，为"翻转课堂"模式的普遍运用打下了坚实基础。在初中英语教学过程中，教师应善于并注重将英语教学与"互联网+"技术有效结合，通过采用创新"翻转课堂"教学模式，让学生对英语学习保持高度热情，不仅提高学生的英语学习能力和理解能力，而且提高学生英语交流与讨论的实践能力。在教学实践过程中，教师使学生在极大的英语学习热情中，快速掌握英语学习技巧和本领，灵巧运用英语学习方法，在为学生制造轻松愉悦的英语学习氛围的同时，提高英语教学水平，最大化实现英语教学目标，促进英语教学取得实质成效。

## 一、"翻转课堂"模式的概念与表现形式

### （一）"翻转课堂"模式的概念

"翻转课堂"是指以教师与学生互动为基础，通过学生掌握学习主动权，教师为学生提供辅助解惑的教学模式，将课堂学习主动权交予学生，让学生在自我思考、主动学习的状态下，提高自我学习热情，牢固掌握课堂知识，进而促进教学活动取得显著成效，最终实现教学目的。

### （二）"翻转课堂"模式的突出形式

"翻转课堂"模式最为突出的表现形式是以教学视频为载体，通过生动

形象的视频内容，将教学知识展现出来，以此调动学生的学习积极性与主动性，让学生在兴趣高涨的状态下更好地学习课堂知识，迅速掌握教学内容。

"翻转课堂"模式下的教学知识点罗列清晰，让学生在轻松愉悦、循序渐进的知识教授过程中，高效率、高质量地掌握知识重难点，对知识内容进行有效延展，实现教学效果的显著提高。

## 二、初中英语"翻转课堂"模式运用的重要性

现阶段，一些初中英语教师存在教学思维固化、观念封闭、方法单一、方式落后等问题，导致初中英语教师面临着教学模式与时代发展脱节、教学创新意识不足、教学方式落后等困境。另外，一些初中英语教师思想过于保守，导致英语教学模式滞后，学生学习英语知识的积极性不高，主动掌握英语知识的自觉性不强，英语教学课程目标无法取得成效，教学目的不能实现。因此，"翻转课堂"模式的应运而生，使初中英语教师能够顺应时代发展潮流，把握教学模式转变机遇，将"翻转课堂"模式与初中英语课堂教学充分结合起来，一方面，能够带动学生学习英语的积极性，激发学生英语学习的兴趣，提高学生自主学习英语知识的自觉性和主观能动性，促进学生高质量完成英语学习任务，为提高英语教学水平，实现英语教学目标提供有效保障；另一方面，"翻转课堂"模式与英语课堂教学结合，能促进学生养成良好英语学习习惯，发现英语学习技巧，掌握英语学习方法，增强英语学习自信心，提高英语学习综合能力。

## 三、"互联网+"环境下翻转课堂模式运用分析

### （一）明确微视频教学方案

采用"翻转课堂"模式进行英语教学前，教师应确定微视频方案，找准教学目标。在确定微视频教学方案时，教师应着重从教学理念、教学方法、教学内容等多角度、多层面把握，以确保教学目标能够与学生学习能力相匹配，让学生能够通过微视频内容，对英语单词、短语、语法等内容全面

掌握，可以熟练将英语知识运用到正确情境中，并能够用英语表达自我情感，实现英语相互交流。同时，确定微视频教学方案时，英语教师应结合自我教学能力与经验，从学生英语水平出发，认识到学生英语水平存在参差不齐的实际情况，确保微视频方案展现的教学内容能够被不同学生理解和消化。除此之外，英语教师还应注重选用学生兴趣度高的教学视频，这样才能激发学生英语学习兴趣，让学生在愉悦轻松的学习环境下，迅速掌握英语知识。比如，在学习八年级英语下册I'll help to clean up the city parks 这一单元时，通过微视频导入视频资料，激发学生的好奇心和英语学习兴趣，以此引入课堂教学的学习主题。教师应注意观察学生观看微视频的表情与反应，对于学生迷惑的知识点或无法回答的问题，应着重记录下来，并板书知识要点，拆解问题。让学生通过微视频课堂，既学会"主动提供帮助"和"做志愿活动"的英语表达方式，又在无形中培养了学生的公益意识和责任意识。通过微视频导入和教师讲解相结合，让学生能够掌握"I'd like to..." "I hope to..."等句式的运用，让学生在欢快的课堂互动中掌握英语知识，提高英语教学质量。

**（二）依托微视频掌握重难点**

初中英语已经涵盖了单词、词组、语法、句型等多种知识结构，在英语教学过程中，教师应把握教学重难点，将该重要教学知识点与微视频内容有效结合，并通过微视频将英语知识重难点凸显、强调，既可以让学生在视频观看的过程中熟练掌握重点词汇、把握重要句型，还可以让学生在学习兴趣高涨的同时，熟练掌握英语知识结构。一般而言，若想保持学生学习注意力的高度集中，则应保证微视频每15分钟出现一个新颖点，这样学生注意力才不易分散。因此，控制好微视频中不同教学内容的播放时间，将视频亮点与知识重难点有效结合至关重要。

同样以八年级英语下册I'll help to clean up the city parks 举例，该课程中，动词词组是该节的重点，因此在视频中可以重复罗列、反复强调、多次朗读动词词组，让学生在耳濡目染中掌握词组知识。另外，教师应注重视频播放后的学生实操和实践演练，让学生就"volunteer"这一动词操练并互动，在课堂氛围轻松、知识不断熟悉的同时，促进学生更快、更牢地掌握英语知识，使英语教学取得成效。

### （三）给予学生主动权

在英语课堂上，教师应充分尊重学生的学习主动权，给予学生更多的自主学习时间，尽可能增设自主讨论环节，让学生在学习与交流中，将课堂所学英语知识进行归纳和梳理，进一步发现问题，讨论问题，解决问题。在学生自主学习和充分讨论后，教师将学生疑难问题进行汇总并逐一讲解，适当地对知识点进行延伸，让学生在整个答疑解惑过程中，对知识点理解更为透彻和全面，培养学生发散思维，帮助学生构建全面的英语知识结构和体系。

## 四、结语

"互联网+"环境下，初中英语教学与"翻转课堂"模式相结合，为教师与学生之间搭建了沟通桥梁，为教师教学的与时俱进起到积极促进作用，为学生提高英语学习水平增添有效动力，为初中英语教学取得良好成效提供了保障。教师将"翻转课堂"模式运用到初中英语教学中来是时代发展之必然，教育发展之要求。初中英语教学采用"翻转课堂"模式时，应注重教学理念先进化，教学思维创新化，教学方法多样化，教学形式丰富化，在结合学生实际情况的前提下，科学运用"翻转课堂"模式，创新课堂教学内容，拓宽英语教学途径，带动学生学习英语兴趣，增强学生学习英语恒心，让学生在潜移默化和无形之中，培养良好的英语学习品质，树立科学的英语学习理念，最终实现初中英语教学目标。

参考文献：

[1] 朱雪峰.基于"互联网+"环境下初中英语"翻转课堂"教学模式探析 [J].新东方英语：中英文版，2019（10）：88.

[2] 汤艳平."互联网+"环境下初中英语教学中翻转课堂的构建分析

［J］.新东方英语：中学版，2019（9）：94.

［3］赵俊.互联网+背景下初中英语翻转课堂教学模式研究［J］.文理导航（上旬），2018（4）：38-39.

［4］游国敏.例谈"互联网+"背景下初中英语翻转课堂设计［J］.中学课程资源，2019（2）：14-15.

# 英语课程培养学生创新素养之我见

新英语课程标准的颁布与实施，赋予了这门课程培养学生创新素养的历史重任。而要提高学生的创新素养，就必然要求教师具有创新素养并善于对学生进行创新素养的培养。

## 一、英语教师培养学生创新素养的必然要求

相较于旧英语课程标准，新颁布的英语课程标准的一大特征就是顺应时代发展、科技进步趋势，突出了对学生创新素养培养的要求。

### （一）要重视学生语言建构能力的培养

中学英语的创新素养培养主题，必须反映具有普遍主题意义和独特教育价值的主题本质。基于此，英语教师就需要聚焦语言构建能力的培养，善于整合文本资源，并以核心课程目标来设计教学任务。在课程实践中，教师要善于根据学生实际情况，在不同层次上提升学生学习英语的能力，积极引导学生养成自主、合作和探究意识。在促进师生合作交流中，教师要善于把学生的实际生活与单元主题紧密结合起来，从而提高学生的语用能力。

### （二）要重视创设与课堂教学内容相关的情境

语言学习是一段漫长而辛苦的旅程，如果教师能将教学内容转化为日常交流，能把课程内容和学生自身的生活经历紧密地联系起来，教学效率就会有很大提高。同时，英语课程也是一个需要重视交流应用的课程，学生在学习中不仅可以学到很多生活中的英语问题，还可以和周围的学生交流认识。

教师在英语课程中，应充分考虑学生全面发展的需要和未来成才的需要，将社会生活和现象渗透到英语课程设计当中。在这个过程中，可通过情境创设来对生活内容加以渗透，切实提高学生学习英语的兴趣。

### （三）要重视多样化教学活动的开展

英语课程必须是一门基于知识和技能训练的课程，而应避免知识和技能的单调训练。譬如，通过角色扮演、词汇捕捉、猜谜等各种教育活动，可使学生享受英语学习的乐趣，实现知识内化并逐步培养学生的核心素养。同时，英语课程在实施中也要注意学生在学习过程中思维方式的变化，尊重个人差异，准确把握评价时机与合理利用评价策略，提高学生学好英语的自信心。

## 二、英语教师提高学生创新素养的基本策略

### （一）要善于创造良好的英语学习环境

在信息技术飞速发展的时代背景下，教师要实现信息技术与传统教学模式的有机结合，就需要利用大量的媒体资源，并加入自己的设计和想法，根据学情来创造良好的英语学习环境。例如，在语法学习中，学生总是使用自己的思维模式来理解和学习英语语法。因此，通过使用视频和动画就可展示出抽象的英语语法，对学生来说很容易理解。同时，多媒体应用也是英语教学的重大创新，在实际教学中合理使用多媒体不仅可以提高教学效果，也可以提高学生的理解和记忆效果，提高学生创新思维的能力。

### （二）要善于促进学生交流协作

作为语言类学科，英语因其自身特点就不能只是机械地教和学。现代英语教学理论充分证明了语言虽然容易学，但要充分掌握它，要在实际交流中使用。由此看来，善于促进学生相互合作、共享资源就成为这门课程实施的必然要求：引导学生从读英文书到欣赏经典的外国电影、从信息检索到信息传播、从生动形象的视频到丰富多彩的图片等多种载体中获取知识。众多英语课程实践证明，以上这些策略极易提高学生使用英语来进行交流协作的兴

趣与积极性。

### （三）要善于促进学生综合素质的提高

英语作为语言类课程，就其内容而言实际上包含丰富多样的主题，并与现实生活紧密地联系在一起。因此，理解和使用英语是一项综合能力。这一综合能力的培养既要广泛阅读以丰富学习者的背景知识，进而构建合理的知识框架，又要通过听力、口语、阅读、写作、翻译等多项实践活动来锻炼提高各方面的实际技能，并形成良好的心理和道德素质。

## 三、英语教师提高学生创新素养的基本路径

### （一）要以学生对英语知识的积累为基本途径

知识积累是学习一门语言性学科的必然途径，因而教师要鼓励学生坚持不懈地提升自身的单词和语法储备，学生每天应留出15～20分钟的时间自主练习英语，充分利用课余时间来夯实自身的知识基础，提升英语学科核心素养。同时重视任务驱动，要求学生循序渐进地完成一个个具体任务，从而使学习者在理解、处理和使用语言的过程中完成相应的任务。比如，为提高课堂教学的生动性和趣味性，英语教师往往会引导学生一边听录音一边记录录音内容，或根据指定完成相关的任务操作。又如，每个单元模块都有Warm up和Listening部分，因此教师可以鼓励学生根据听力内容Match（匹配），接着Listen and check（听录音并核对），进而对单元的主题形成清晰的认识。由此看来，英语教师应将任务看成现实中语言使用情况的语言学习形式，在实践活动中提高学生的英语运用能力。

### （二）要以学生对英语的实际运用为基本途径

在英语课程实施中，教师应充分考虑学生在语言学习过程中具有的遗忘性特征，一方面要鼓励学生熟练记忆常用语并在日常教学中反复巩固学生的交际用语使用情况，以确保熟能生巧；另一方面要引导学生掌握正确的英语语言学习方法并结合具体的文本和具体的语境来对英语单词或语句进行记忆，以把握单词和短语在句中的用法。同时，要清晰地认识到，虽然新课程

标准不提倡以语法为主的教学途径，但这并不意味着语法教学一无是处。相反，语法教学是严格遵循语言教学原则的，能使学生接受的知识教学更加严密而规范。这说明，英语语法教学在英语课程中应处于什么地位，是一个必须考虑的重要问题。我认为，英语课程的核心目标是提高学生的语言技能、丰富语言知识、形成文化意识，因此必须做到对语音、词汇、语法、功能和话题教学等内容的全覆盖。具体来说，初一年级的学生必须掌握名词、代词、形容词、介词、一般现在时、现在进行时、一般将来时以及一般过去时等语法知识，这是整个英语语法知识体系中最基础的构成。初二年级学生则应该重点学习情态动词、系动词、现在完成时、过去进行时、反义疑问句、动词不定式、简单句的基本句型、宾语从句、状语从句、直接引语和间接引语等语法项目，以夯实知识基础。初三年级的学生要学习难度系数相对较高的被动语态、构词法、定语从句以及冠词等，为接受更高阶英语学习做好准备与储备。

**（三）要以学生对英语学习兴趣的提高为基本途径**

在英语课程中，教师要注重培养学生学习英语的兴趣与自信心。不少学生能在一次次英语测试中取得优异成绩，但并不意味着其能在实际应用领域对英语语言活学活用。教师要尝试在课堂教学过程中为学生设置大量的英语语言交际场景，鼓励学生敢于说英语，让学生意识到，只要敢说敢练，就一定能将英语这门语言说好。同时，由于学生课业压力比较繁重，教师就要在英语课堂教学中尽己所能地为课堂教学注入趣味性元素。例如，教师可定期为学生播放与教学内容相关且符合学生年龄发展规律的英语电影以及英文歌曲，经常性为学生分享高质量的英语阅读素材，开展英语演讲活动，促使学生逐渐对英语学科的学习以及英语语言的表达产生浓厚的兴趣，促进学生英语综合素质的发展。

综上所述，新的英语课程标准对课程的性质、课程目标有着明确的定义，且在设计理念、文本内容、语言教学以及语法项目系统方面有诸多新表述、新变化，特别是对创新思维和创新能力目标有着明确规定。因此，教师就要准确把握英语课程改革整体方向，把握英语课程标准指导思想，以创新性的课程实施来促进学生创新素养的形成与创新能力的提高，并为促进学生终身发展服务。

参考文献：

［1］张红.谈中学英语教师在新课标下应具备的素质［J］.中学英语之友，2011（10）：52-53.

［2］纪国和，黄荣.新课标下小学英语教师应具备的素养［J］.现代教育科学（普教研究），2005（3）：17-18.

［3］王春叶.新课标下中学英语教师应具备怎样的素质［J］.素质教育论坛，2009（6）：129-130.

［4］皋峰.更新教学理念提高自身素质：初探新课标下英语教师创新思维［J］.各界（科技与教育），2009，18（12）：67.

［5］于振海.浅析新课改下的高中英语课堂教学策略探究［J］.校园英语，2020（18）：202.

# "互联网+"环境下初中英语书面表达核心素养培养的研究

《教育部关于全面深化课程改革，落实立德树人根本任务的意见》中，提出了"核心素养"，要求把探讨与创建学生核心素养体制作为课改的核心环节，并充分要求学生具备适应终身发展的品质与能力，同时要求各个学科都把培养学生的核心素养作为教学的基本任务。教师在实际教学过程中要充分利用身边的教学资源，改变教学策略，将互联网技术引入课堂教学，创设相应情境，并且通过图文并茂的方法丰富课堂教学内容，从而更好地帮助学生理解英语知识，掌握写作技巧，提高初中生的英语书面表达核心素养。

## 一、"互联网+"在初中生英语书面表达核心素养培养中应用的必要性

由于中学生传统的英语书面表达理念及相应信息化时代的变化，使得学生不能完全适应书面表达的核心素养要求，越来越倾向于使用电子设备获得所需的信息。在初中阶段的英语学习中，学生的英语水平相对来说还比较低，但在这个学习阶段对学生的英语进行训练，可以帮助学生打下坚实的基础，学生也就能掌握更多的英语知识。除此之外，在英语教学过程中，教师可以对学生的英语表达能力、书写能力、阅读能力以及其他的核心素养的不断培养，能够帮助学生在不断学习的同时形成正确的学习观，对学生未来的

学习与发展具有重要作用。"互联网+"技术在我们的生活中应用得越来越广泛，运用互联网技术可以与大量的信息资源进行相互配合，随着课堂教学的深入以及学生的自主学习不断推进，"互联网+"技术的运用可以更好地满足当前学生的学习需要。此外，在互联网技术的运用中我们可以对很多知识进行收集，给予学生足够的学习空间，让学生充分地规划自己的学习时间，同时寻找自己更加喜欢的学习方式，从而让学生更加主动地学习知识，提高学生的英语成绩。最重要的是，互联网上有大量的英语知识以及英语学习方法，学生不仅可以在网上与其他人进行沟通交流，还可以与人分享一些英语学习的心得体会，积累英语写作素材，掌握更多的写作技巧。通过这样的英语学习，学生不仅可以更好地培养书面表达能力，还可以提高自己的写作技巧，多方面提高自己的学习能力，从而更好地提升英语成绩。

## 二、"互联网+"时代下高效培养初中生书面表达核心素养的策略

### （一）改变学生的表达方式，培养学生的写作思维

对于初中生来说，大多数学生在写作过程中的表达方式仍然是中文式表达，甚至写的都是中式英语，这严重影响了学生的英语学习，同时这个问题也并不是一朝一夕就能改变的。学生的主要学习环境严重影响着学生的表达方式和学习方式。但是，由于初中生的英语基础比较薄弱，在写作时不可避免地会出现单词拼写、表达错误等问题，针对这种问题教师可以借助互联网来有效地解决，鼓励学生在写作时使用Word软件，这样在一定程度上能够帮助学生减少拼写错误以及语法错误。互联网技术的使用对纠正学生的英语语法问题具有重要作用，能够提高学生的英语写作能力。

学生在使用Word软件进行写作时，每当学生单词或者语法有错误时，相应的单词下方都会出现红色波浪线，学生通过右击单词，就能在对话框中出现正确的拼写方式，在提醒学生单词拼写错误的同时还能帮助学生掌握正确的写作格式。在日积月累下，这样能很好地提高学生单词运用的准确率，也

能很好地促进学生掌握基础知识，提高学生的写作能力，并且在不断地纠正过程中，学生还能养成良好的思维形式，掌握写作规律，养成良好的学习习惯。因此，在初中英语书面表达课程教学中运用互联网技术，能及时地帮助学生纠正写作中犯的小错误，同时还能让学生及时进行自省，从而在之后的写作学习中避免重复犯错。最重要的是，互联网技术在书面表达中的运用还能有效地对学生进行正确地引导，从而全方位地促进学生的发展，全面有效地提高学生的英语综合素养。

**（二）运用互联网培养学生的发散思维**

要想提升学生英语书面表达的能力，最主要的就是培养学生的发散思维。因此，在英语写作教学过程中，教师可以使用互联网设置一些简单的问题，让学生在对这些问题的不断探索解决过程中，逐渐掌握英语学习的乐趣。随着学生对英语学习的不断深入，互联网技术的运用能够增强学生对于英语学习的了解，使学生逐步形成扎实的英语基础知识。在课堂教学方面，教师可以直接提出一些英语问题，设定相应的主题，让学生可以结合教师提出的问题或设定的主题，运用互联网进行调研查阅，收集相关的网络资料，无论是中文的还是英文的，教师引导学生对于收集到的知识进行总结概括，提升学生探索能力的同时，还能帮助学生建立丰富的知识库，丰富学生的写作素材。因此，运用互联网技术收集英语学习资料，对于提高学生的英语写作能力具有重要作用。

**（三）通过互联网创设情境，锻炼学生的英语表达能力**

英语表达问题是很多初中英语教师非常头疼的一个问题，其中主要的问题就是学生身处的语言环境的限制。对于西方国家来说，由于长期以来都是以英语作为母语，在语言思维以及语言逻辑的表达方面，完全是统一的，在语言学习的时候，表达能力完全是顺其自然形成的。由于我国学生同时学习英语和汉语，在表达方式、语言习惯等方面都是按照汉语的思维方式来进行的，这直接导致了学生在英语表达过程中会出现很多中式英语的现象。针对当前的这种情况，教师应该充分运用互联网技术，在教学中为学生创设英语学习情境，锻炼学生的英语表达能力。教师可以结合英语教材中的内容创设相应的英语学习场景、情境，这对学生的英语学习具有重要作用，学生可以在情境交流的过程中了解一些与英语逻辑表达方面相关的内容，形成良好的学习思维。所以在实际的英语学习过程中，教师可以在网络上找到一些较好的情境内容，让学生分别进行扮演，提高学生的英语表达能力。此外，互联网技术还能够帮助学生与外教面对面地进行学习，这对提高学生的英语表达能力具有重要作用，为书面表达能力的培养打下良好的基础，让学生以后能够更好地进行学习。

**（四）注重教师的指导作用**

在学生书面表达核心素养的培养过程中，教师的指导也具有十分重要的作用。首先，教师要指导学生明确作文体裁、弄清作文主旨、梳理作文要点以及制定作文提纲。在弄清作文主旨的基础上进一步提炼主题句，学会运用模板句的同时注重不同句子之间的衔接与过渡，引导学生多用基本的作文句型和自己较为熟悉的单词进行书写表达，并且培养学生养成良好的作文书写表达习惯。其次，教师可以为学生的写作提供一些范文，在课堂上让学生之间进行互相批阅以及修改。学生之间互相修改可以帮助学生认识到自己的错误，或从别人的写作错误中反思自己。教师还可以引导学生注意书写潦草的问题，有效率地对学生所犯的语法和拼写错误进行及时地指导改正。教师在指导过程中借助图片和视频为学生展示一些常见的语法错误，让学生理解不同语法表达蕴含的不同含义，从而更好地正确运用语法知识。这样，既可以使学生充分体会到作文书写中的优美语句，又可以有效地减少学生在写作过程中犯下的错，养成正确的语感，为写好作文打下坚实的基础。此外，教师还要引导学生学会自查，每次写完作文之后，教师可以把作文发下去，让学生进行语法改错，对一些常见的错误进行讲解，帮助学生总结归纳，培养学生的书面表达核心素养，促进学生全方位地发展。让学生的作文课堂回归到"生活化"课堂，让作文融入教学，回归学生的生活，促进学生核心素养的发展。

综上所述，在"互联网+"的大背景下，传统英语教学方式已不能满足我国核心素养教育理念下的初中英语写作教学的有效实践。在初中英语写作教学过程中，教师不仅要尽快摆脱传统英语教学方式的束缚，还要注重挖掘学生的个体差异，结合学生自身的特点制订相应的教学方案，帮助初中生快速掌握正确的写作技巧，利用创设生动情境的教学方式来激发学生的写作兴趣。同时，对于学生的优秀作品，教师还要及时给予积极的教学评价，提高学生对英语写作的自信心，并且采取合理的教学手段，增强英语课堂教学的质量。教师在英语教学的过程中灵活巧妙地运用互联网技术，能够丰富英语课堂的教学内容，帮助学生迅速形成良好的语言学习习惯，为学生书面表达提供丰富的写作素材，学生在写作时能够更好地下笔，提高学生对英语知识的综合运用能力，有效地培养学生的书面表达核心素养，提高初中英语的综合成绩，促进初中生的全面健康发展。

**参考文献：**

［1］于芳."互联网+"背景下初中英语核心素养培养研究［J］.华夏教师，2018（23）：81.

［2］王欣.初探"互联网+"背景下初中生英语核心素养的培养［J］.校园英语，2019（33）：186.

［3］郭丽.基于"互联网+"背景下核心素养理念在初中英语教学中的实践研究［J］.新课程，2020（10）：110.

［4］陈昭波.核心素养下初中英语课堂运用互联网教学的思考［J］.山海经，2019（6）：80.

［5］程璇.互联网环境下初中英语文化校本课程的开发与研究［J］.中国校外教育，2020（3）：86-87.

［6］魏瑞平."互联网+"背景下初中英语信息化教学的策略研究［J］.才智，2020（1）：89.

［7］谢海婷.核心素养下初中英语课堂作业的优化策略分析［J］.中外交流，2020，27（5）：365.

# "互联网+教育"背景下"宁教云"
# 在线上英语教学中的应用探究

在"互联网+教育"的背景下，搭建空中课堂，开启"同屏"共学模式。与以往不同的是这次宁夏回族自治区自治区教育厅向广大师生推荐了一款新的线上教学软件——宁教云。它的教学功能为教师与学生的有效沟通提供了便利条件，本书将对宁教云的功能在线上英语教学中的应用性进行探究，为线上英语教学提供一些方法和思路。

如何有效落实"停课不停学"的教育方针，是对教育工作者教学手段的重要考验。利用互联网开展远程互动教学，是实现课程教学的有效手段之一。空中课堂对新课进行讲授，而如何布置作业、批阅作业、订正作业以及习题的讲解，是教师亟待解决的难题；宁教云是教师与学生空中课堂沟通的重要纽带。下面以宁教云为例，介绍该软件在线上英语教学中的具体应用，旨在为线上英语教学提供一些基础性的操作知识和技能。

## 一、宁教云在线上英语教学中的具体应用

宁教云是教师与学生学习的空中桥梁，对线上英语教学助力良多。宁教云的多种功能切实地解决了教师在线教学的实际需求。例如，教师消息、直播课堂、打卡、通知、成绩、班级圈、填表、作业、收款、课程表、班级管理等功能。而线上英语教学中，较为常用的功能有在线课堂、作业和打

卡。下面我将主要从以下三个方面探究"宁教云"在线上英语教学中的应用情况。

**（一）宁教云突破时空限制，增加课堂容量，提高教育资源利用率**

在线上教学中，最关键的环节就是空中课堂。宁教云中的空中课堂包括班级直播和在线课堂两种模式。在传统课堂中，教师与学生面对面地授课，学生上课的反应，对于知识的理解与掌握情况，教师很容易掌握。在空中课堂中，教师的"教"与学生的"学"通过"云端"传递，如何充分利用空中课堂，提高云端课堂的实效性，得益于宁教云中虚拟化的课堂功能，如课前签到、点赞、连麦、直播回放等，这些功能突破了时空限制，极大地提升了空中课堂的实用性。

**1. 班级直播**

班级直播时，教师可以根据实际情况采用不同的授课模式。如果本堂课中，教师使用希沃软件或者PPT讲授新课，设计的教学环节较多，包含导入新课、新课呈现、知识训练等，且要使用音频和视频，建议使用PC端进行直播。PC端的直播课堂有四种模式，即摄像模式、屏幕分享模式、课堂模式和专业模式。每种模式展现的界面不同，教师直播授课时多选择屏幕分享模式。当教师需要露出自己的影像时，也会采用课堂模式。PC端直播课堂中教师可以将授课所需的各种教学资源，如PPT、音频、链接、视频、微课和课件等资源分享给学生，增加了课堂容量，极大地提高了教育资源的利用率，而该功能在手机端的直播课堂中是无法实现的。PC端直播授课时，可以选择露脸、声音设置、白板和互动面板等功能，英语学科有音频和视频的播放，教师在授课过程中可以设置声音为"混合立体声"，讲授重点和难点内容时点出"白板"，板书重难点。教师也可以使用"互动面板"推送文字给学生，学生及时将难点反馈给教师，该功能实现了师生间有效的空中互动。

若本堂课中，教师以课本内容讲解为主，或者讲授相关练习题，建议使用手机端授课，因为手机与电脑比较起来，更加小巧轻便，易于移动，讲解知识点时手机的摄像头随时随地地进行移动，学生可以清晰地看到教师的讲解内容，有助于学生直观地看到课堂笔记。采用手机端发起直播课堂前，教师需要填写直播主题，设置自定义封面、多群直播、镜头旋转、美颜、直播方向和观众连线等功能。在"设置"按钮中，也包含诸多功能。直播课堂的画质选项：标清360 P 或者高清720P，系统默认高清720P。"保存回放"功能将教师本堂课的内容长久保存在宁教云中。被保存的课堂内容犹如一本电子教程，学生可以随时随地进行学习、巩固和复习。当天的直播课结束后，学生对课上所学内容未掌握时，可以随时进行回放，调节视频播放速度，随时暂停，反复播放难点，或者倍速播放。回放的诸项功能对于后进生和学困生的帮助尤为突出，而这些功能在传统课堂中是无法实现的。是否"允许点评"，学生可以随时对教师的授课进行点评。"允许聊天互动"，教师直播时，需要学生回答，如果采用抢答的方式了解学生听课情况，与学生互动是一个不错的沟通方式。开启"保持聊天和群消息同步"功能。教师在直播时，由于互动内容较多，会将其他人发布的群消息淹没，教师在设置时应开启此项功能，以免学生错过班级的群消息。开始直播后，可以开启或者关闭弹幕，根据需要摄像头前后置换，美颜功能也可以使用。直播时，"观众连线"功能可实现师生之间的互动交流，有助于教师随时了解学生远程学习状况。群里的成员均可听到师生之间的通话内容，实现教师与学生畅通无阻的沟通。为了更好地提醒学生按时听课，教师可以提前5分钟发起签到，学生准备好学习用品，做好听课准备，以免错过直播课。教师也可以课前在班级群里面发布上课通知，通知内容依据上课的需求而定，学生确认通知，按时上课。

直播授课结束后，宁教云会即刻推送给教师直播课堂的相关数据信息，包括学生已听课人数、未听课人数、听课时长、互动消息数、点赞数和授课时长等数据，也可以将数据以Excel表格形式导出来，推送到班级群，数据分析有助于教师及时掌握学生的学习情况，提高学生的听课效率，掌握学生的学习动态，学生若在教师直播时无法进入，课后可在班级群中查找主题，观看直播回放，不影响学习进程。

**2. 在线课堂**

在线课堂的手机端可以多人在线，该模式方便教师跟学生实时视频互动。教师发起在线课堂时，接听者的手机会听到电话铃声，提示学生进入课堂，避免错过在线授课。而直播授课时没有语音提示。在线课堂也可以多群联播，同时教师可以开启或关闭"全员静音"，参会人员也可自行开启或关闭声音和摄像头。

因为在线课堂不支持回放，所以多用于英语教学的早读环节或者召开家长会等活动，教师可在学生进行单词和课文的朗读时，随时观察学生学习英语的状态，同时教师可以通过视频语音监测学生朗读课文和背诵单词的情况，及时纠正学生发音的问题，解决学生在英语学习过程中的诵读难题；在线课堂在电脑端使用更方便，电脑端支持课程录制，方便学生回看上课视频；同时支持导入PPT、PDF、Word，甚至音频、视频等教学资料辅助教学。还有很多小工具，如定时器，可以限时答题，课间休息时也可以使用定时器。群成员以直播的形式可以观看课堂教学内容，最多支持分享到45个群。按每个群1000人的上限计算，支持45000人同时观看课堂教学内容，突破线下教学的时间和空间的限制。

**（二）宁教云呈现形式多样化的作业，及时地反馈课堂教学效果**

因为作业是学生对本堂课学习情况的有效反馈，根据学生的作业，教师需要及时调整备课内容，更换教学环节，所以作业的多样化就显得尤为重要。宁教云中作业功能包含三种形式，即自定义作业、智能作业和表扬优秀作业。作业布置的项目包括：作业名称、布置范围、作业详情、定时发布作业和在线提交等。作业详情中除了推送文字作业外，依据不同的学科需求，教师还可以使用拍照、拍视频、录音和钉盘四种方式将教学资源推送给学生，极大地丰富了布置作业的类型。智能作业包括课前预习、日常作业和口语练习。课前预习时可以跟读词汇和课文，目前只包含1～6年级的教学内容。较为常用的作业类型为日常作业，它紧贴教材，练习与教材同步进行。还可以智能组题，减少教师的工作量，同步练习中教师选择对应的年级和教材就可以智能组题，题型包括听力、基础词汇、语法、完型和阅读，教师每次可以布置20个知识点的题目。口语练习紧跟教材，系统根据学生的朗读情况自动打分评测。就英语学科而言，教师可以将本堂课的视频、音频和微课等内容一起布置到作业中，有助于学生将所学内容进一步巩固和复习，提升学生自主学习的能力。英语是一门交际性很强的学科，而听、说、读、写是学习英语的四项基本技能。作业布置中的智能作业可以监测学生朗读发音情况，教师既可以随时了解每位学生的词汇读音，又可以一对一进行点评，解决了云端教学中"哑巴英语"的不足。

作业布置后，教师可以随时查看学生上交作业的数量。批阅时，教师可查看"待批、已批、打回和未交"学生人数，提高了批阅作业的效率。批阅时，宁教云软件中增加了"在线圈画批改"功能，教师可以线上批阅圈画每一位学生的作业，同时可输入文字、图片、视频、语音等批阅提示，在线作业可评选出优秀作业供其他学生查阅，作业不合格者将被打回及时订正。快捷评语中，教师输入快捷评语，作业批阅后，家长会收到学生当天的作业教师评语，方便家长掌握学生作业完成情况。对于未上交作业的学生，宁教云平台以文字信息的方式给家长发送提醒。

宁教云增加发布成绩的功能，教师可选择需要发布成绩的学科和班级并上传成绩的数据，家长及时知晓学生的考试成绩。作业功能帮助教师和家长掌握学生的学习情况，有助于教师和家长及时了解学生作业完成的情况，提高教师批阅作业的效率。

### （三）宁教云助力学生养成良好习惯，使其受益终身

好习惯，益终身。好习惯并非一朝一夕形成的，而是需要坚持不懈地付出。英语学习包括听、说、读、写四个方面，缺一不可。听和读是英语学习的输入环节，说和写是输出环节。输入充分了，输出自然就没有问题了。打卡的常用功能包括大声读英语、亲自读绘本、早晚背书、天天背单词、单词练习、英语阅读、听力练习等。读是英语学习的基本技能之一，如何督促学生坚持每天大声地朗读英语呢？英语教师可以通过宁教云打卡达到监督的效

果。进入"打卡"后，选择"+"，打开任务模板，选择需要完成的任务，发布打卡任务。

宁教云还设有班主任专区的打卡任务，"每日运动""AI跳绳""AI仰卧起坐""家务劳动""早睡早起""健康上报""防溺水安全上报"。健康的身体是高效学习的保障，坚持锻炼身体也是学习中必不可少的活动。疫情期间，学生居家学习，无法出门，运动打卡既可以缓解学生的学习压力，还可以放松学生的身心。居家学习的同时，也要将身体照顾好。

打卡任务包括布置范围、打卡详情、需要提交数据、允许补卡和打卡周期，每天的打卡时间可以进行设置，系统默认为每天的18：00。学生每天会通过班级小助手，在特定时间接收到打卡任务提醒，完成当天的打卡任务，打卡以录音或者视频的方式上传，教师可查看每天完成打卡的学生人数，逐一进行点评和送花。打卡的内容既可以是预习内容，也可以是需要复习的内容，一个打卡周期为31天，打卡任务接受后，后台进行数据统计和排行榜的排名。

## 二、宁教云在线上英语教学中的效果分析

### （一）优势

#### 1. 宁教云软件方便快捷，学生学习不受时间和空间的限制

有网络和移动设备的条件下，便可下载使用宁教云软件，进入宁教云的组织机构并加入班级群。教师可随时随地布置作业，学生完成作业后，随时提交作业，教师便可进行空中批阅，及时掌握学生的学习情况。另外，学生因一些原因无法在直播时进入直播间，之后可在任何地点、任何时间，通过班级群中查找直播记录，回放直播内容。学生可以重复学习，提高学习效果，这也是直播最大的优势之一。

#### 2. 宁教云软件在学生中的覆盖面广

随着科技的高速发展，互联网和移动设备已经成为我们生活的必备品，一部手机或者一台电脑，足以构建起学生与教师间的空中课堂。教师直播授

课时，学生随时随地进入教师的直播间，徜徉在知识的海洋里，学习新知识或查漏补缺。

### 3. 宁教云软件可同时分享多种资源

直播授课时，教师在使用PPT、希沃等软件授课的同时，可以将视频、音频、微课等丰富的教学资源进行分享；布置作业时，也可以将这些教学资源展示给学生。多样的资源能够增强英语教学的趣味性，提高学生学习英语的兴趣。

### （二）不足之处

宁教云软件的不足之处有以下几点：

首先，教师的计算机能力有限，宁教云软件中的教育功能有待进一步学习与研究。教师在使用宁教云初期时，出现了一些技术问题，影响直播课的教学效果。例如，移动端和电脑端未能同步直播授课，纸质材料和电脑屏幕展现的知识未能同步分享给学生。

其次，传统教学模式与远程网络教学模式最大的区别在于授课对象。传统教学模式中，教师与学生面对面授课，进行高效的教学互动。而远程网络教学中，教师和学生面对的都是机器，教学效果的达成度低于传统的面对面授课。

最后，远程网络教学对"家校合作"提出更高的要求。通过移动设备，教师无法实时监管学生的学习状态，这时就需要家长给予极大地配合与支持，监督学生听课、完成作业、复习和预习等学习任务。

## 三、结语

随着互联网和移动设备的不断发展与进步，在教育领域中，一场信息化的颠覆性变革正悄悄地发生，线上教学成为英语课程改革的重要内容。在特殊时期，宁教云为线上英语教学提供了有力支撑，补充了学生空中课堂学习中的不足，保障了教师与学生之间的有效沟通。当然，宁教云线上英语教学尚处于尝试阶段，理论知识和实践研究还比较匮乏，在教学功能和网络技术方面需要进一步完善，如针对不同层次学生的学习资源还不足，有效管控学生学习的功能不丰富，如何使得线上教学更真实、更身临其境，如同线下教学那般，以及网络延时卡顿问题，都需要深入思考与进一步探究。

**参考文献：**

[1]黄丹丹.阿里钉钉在高校管理部门中的应用探析[J].教育现代化，2018，5（5）：338–339.

[2]刘佳."直播＋教育"："互联网＋"学习的新形式与价值探索[J].远程教育杂志，2017，35（1）52–59.

[3]李灿军.网络直播课堂在互联网教学中的探索[J].教育现代化，2018，5（52）：258–260.

[4]张瑞，张筱兰."网络直播"支持的翻转教学模式研究[J].电脑知识与技术，2018，14（30）：208–211.

[5]周明华，周汉.翻转课堂在网络直播课程中的教学设计和技术实现[J].新教育时代电子杂志（教师版），2018（4）：232–233.

[6]舒亚琴.网络直播平台的监管策略思考[J].现代职业教育，2019（21）：92–93.

[7]高欣，李明，吴海平.网络直播在远程教学中的应用探索：以钉钉软件为例[J].办公自动化，2020，25（6）：21–23.

[8]胡艳琴，王智华，朱珺.基于网络视域下中学英语核心素养教学的研究与探索[J].黑龙江教育学报，2019，38（9）：76–79.

# 对促进"互联网+教育"建设步伐的
# 思考与探索

目前，"互联网+教育"没有具体或者特定的含义，有学者认为，"互联网+教育"模式就是将互联网的优势充分利用起来，将互联网这一高速发展起来的新兴事物与教育联系起来，为教育教学提供多种方式的服务，实现教育模式的最优化和学生学习利益最大化。相比传统教育教学，"互联网+教育"可以将线下和线上教育结合在一起，促进传统教育方式和现代信息技术相结合，学校课程与网络课程结合起来，为学生提供了多种学习环境，随时随地，只要有需要就可以开展学习活动。众多教育改革的实践证明，"互联网+教育"能够极大地培养学生自主学习能力、探究学习能力、创新学习能力，更加有利于将学生培养成全方位发展的高素质人才。可以说，"互联网+教育"基础教育中呈现的优势十分显著，是一种理想性、前瞻性、操作性、科学性的新型教育。

## 一、"互联网+教育"实施必要性

"互联网+教育"模式推广伊始便受到大多数人的推崇，它以信息化为表征，操作方便，易于接受，只需要一台电脑或手机，人们便可以进行学习，互联网强大的信息网络让人们能够真正实现上知天文，下知地理。在"互联网+教育"模式下，每个人既是学习者又是教育者，从而使社会的精神产品、特质产品实现高质量发展。

在我国西部地区的宁夏，2018年7月获批成为全国首个"互联网+教育"示范区，作为西部地区首先实现县域义务教育基本均衡发展的省份，"互联网+教育"示范区有利于解决地区教育资源不足、教育配置不均衡的问题。这是由于西部地区资源短缺，教育资源更加稀缺，"互联网+教育"的大力推广使得西部地区可以实现资源共享，大大地改善了西部地区的教育问题。对于全国教育资源短缺的地区而言，互联网这种模式是一条捷径，能够和教育资源丰富的地区获得同样的教育机会。

在大众化的认识中，互联网单单是一种平台和工具。实际上，它还是舞台和手段，更是具有多彩内容的教育金库。由此看来，"互联网+教育"可以将教育内容互联网化（将教育教学内容通过信息化传输到互联网上，实现教育资源共享）、教育内容最大化（将教育内容做到最强，将教育形式尽可能地做大做强）、教育内容特色化（将教育内容做到既丰富多彩，又突出自己的特色）。

## 二、"互联网+教育"实施基本途径

要推动"互联网+教育"示范区建设步伐，就要不断创新方式方法，才能推动信息技术与教育教学的有机融合，使之更好地服务于学生发展成长。

一要促进思维创新。在"互联网+教育"条件下，应当寻找新的培养目标，要努力培养适应社会未来发展的高水平人才，我们培养的是未来高素质的社会主义建设者，要实行以生为本，全面育人，注重德育为先，能力为重；重点培养学生自学的能力，挖掘每名学生的潜能。

二要构建合适的教学模式。在"互联网+教育"条件下，我们要想让教育发挥其最大化的优势，就需要构建恰当的教学模式，以学生为主体，教师为主导。在教育中，应采取自主、合作、探究等方法，重点培养学生的自主学习能力，团队合作能力，探究学习能力；在课堂教学过程中，教师可以将需要讲解的内容提出一系列问题，然后上传到学生电脑上，学生可以通过百度查阅相关资料或者小组间进行讨论，自学课本知识，对所学内容有些大致了解，之后教师对需要学习的内容——讲解，然后给学生自主学习的时间，对于不懂的问题及时讲解，可以制作教学视频。学生在学习的过程中哪里有问题可以重新复习视频中所讲内容，教师、学生和家长都可以随时查阅。

三要采取多种形式开展网络课程。在"互联网+教育"条件下，要大力开展多种形式的网络课程。这些课程中的主要类型有：慕课，就是可以供所有人学习，只要想学习的都可以进入学习，现在很多学校都有自己的一套慕课形式传到网上，各个学校的学生都可以进行学习，同时还有打卡活动、授予证书活动以激励学生更好地学习。微课，就是将教学内容制作成小视频形式上传到网络。由于这类视频时长短，内容丰富，可以让学生或者有需求的人花费很短的时间学习到所需内容。云课程，就是将教案、学案进行精心设计、制作，并上传于云空间，供大家借鉴浏览。数字形式，就是组织开展多次的信息化教学活动，推广与实行网上教研活动。

## 三、"互联网+教育"实施方法

"互联网+教育"为人们带来了极大的便利，互联网丰富的信息资源对于传统教育观念和模式也提出了很大挑战，在没有互联网之前，学生学习知识只能在学校这一封闭地方进行，网络时代的学生不仅可以在课堂上进行学习，还增加了多种丰富的学习形式，在家、在超市都可以随时随地地获得信息，但对于网络上纷繁复杂的信息，有好有坏，人们得学会辨别有用知识和无用知识，不要被网络上不良不实信息所误导，对于一些不能确定的知识可以找相关人员进行咨询，不要被误导。

"互联网+教育"模式在疫情以来展现了极大的优势。疫情期间，学生无法在学校进行集体学习，对于即将毕业的学生产生了极大的影响，网上课程及时解决了这一问题，让毕业班的学生在家中便可以学习，以至于到现在网络课程都是学生学习中不可缺少的一种上课形式。当然不能一味地去依赖于

"互联网+教育"，学校课堂教育仍然是上课的主流，教师不仅要传道授业，还有监督学生的职责。在网络课程中，由于教师无法直接面授知识，可能有的学生并没有认真学习，对于学生有没有听懂，这在课堂授课时可以通过学生的反应来得知，但网络课程不能。对于网络课程的开展有利也有弊，当然优点多于弊端，我们要充分利用互联网的优势，以积极的姿态不断汲取新鲜知识，避免其弊端带来的不良后果。

"互联网+教育"模式的发展对于各国教育改革发展都是有利的，对于世界各国的文化差异通过互联网都可以学习到，如各个国家不同的礼仪风俗和禁忌可以在互联网中学习到，既有利于各国文化的交流，人们对于新事物的接受程度也会不断增加。互联网的发展给全世界各个行业都带来了巨大冲击，我们每个人都从中受益，教育与互联网的结合，使教育事业如虎添翼。互联网走进课堂，不仅让授课形式变得新颖有趣，还增加了学生的学习热情。在学习压力较大时，教师可以为学生播放一些人文短片来缓解精神压力。为了使课堂教学内容丰富多彩，在讲授过程中添加示例视频，使学生在课堂中不会感觉到枯燥乏味。教师在授课过程中可以在家中提前制作好PPT，在课堂上进行演示，一改传统教学中的粉笔板书，为教师节省出更多的教学时间，可以充分完成教学计划，在有限的时间里让学生学习到更多的知识。

综上所述，"互联网+教育"模式是时代发展之大势所趋，未来"互联网+教育"模式只会更加丰富，乃至在全国范围内不断发展。我们要充分利用这一有力的武器，让自己学到更多的知识，打造一个更加有学识的自我，成为优秀教师。

参考文献：

[1]李娟."互联网+网络在线课堂"之探索和思考［J］.宁夏教育科研，2020（2）：15–17.

[2]占东明，陈希杨，洪家伟，等."互联网+教育"教育新模式的探索与思考［J］.电子商务，2016（9）：63–64.

［3］姜艳萍，丁莉娜."互联网+"时代背景下教学改革的思考［J］.经

贸实践，2016（13）：241.

［基金项目：本文系2020年宁夏哲学社会科学（教育学）规划项目——

"'互联网+教育'县级示范区建设"（项目编号：20NXJB07）阶段性研究

成果］

# "互联网+"教育真正落实在空中课堂

为响应教育"停课不停学""停学不停教"的号召，宁夏空中课堂及时播出，并收获较好的反响。空中课堂是疫情期间学生学习的主要渠道，学生可以足不出户就有学可上，做到防疫学习两不误。为此，我们既要看到空中课堂的优势，也要发现其中不足并努力弥补，尽量多方面采取有效的教学方法和管理对策，不断提高教学时效性。以下是我认为空中课堂还需要做的努力和补充。

## 一、坚持教学进度把控

宁夏是全国"互联网+教育"示范区之一，一定要把空中课堂当作线下课堂认真对待。空中课堂和线下课堂相比，既有共同点，也有不同点。空中课堂课程进度是按照教材目录安排的，教学次序和课本一致，每天都有课表，各任课教师或班主任要及时推送课表，发布课程进度信息，督促学生恪守教学进度。当然空中课堂教学环境、教学关系、教学手段、评价方式、辅导方式等都发生了深刻变化。我个人看课的做法是根据自身的条件，每天晚上熟记课表，通常英语课在第二天早晨8：00开始，大约早上7：58做好准备，听课时观看视频，手机拍照，快速做好笔记，最后借用手机补齐个人听课笔记，最好利用最短时间写出个人反思。空中课堂教学具有特殊性。它打破时空限制，能够做到一人上课万人受益。作课教师只有一人，且处于远程状态，无法完成与所有学校学生的随机互动。学生宅家学习，难以随时与同学及教师交流互动。任课教师无法对学生进行个性化点拨，无法因材施教，无法一对一、面对面评价激励。因此，教师一定要求学生，按照进度提前做好预习，为正式上课做好充分的准备，如准备好电子教材。

## 二、培养学生网络学习的积极性、主动性

许多教师和学生不能适应网络课堂，其中很重要的一部分原因就是线上课堂与常规课堂教学有一定区别。由于空中课堂是"双师教学"，即由远程教师和本班任课教师共同完成线上课堂。远程教师负责讲授与辅导，本班任课教师负责在线辅导、答疑、督促及检查。教师要做好学生在线学习流程，利用拍照上传、视频上传等方式组织学生交流课堂笔记；教师要强化家校共育，及时沟通信息，随时把握学生成长动态，特别是消除学生长期居家造成的焦虑。由于空中课堂播出时长较短，常态课在20分钟内、复习课在30分钟内，而且视频播出中间不允许时间留白，也就容易造成一些学生无法跟随教师节奏随堂完成练习，有时无法准确把握教学重点，有时无法消化教学难点。本班教师要对空中课堂切实负责，起到辅导和引领学生融入课堂的作用，真正把空中教学质量落到实处。

## 三、培养学生空中课堂会学的方法与技巧

空中课堂虽然运用现代教育技术，理念前沿手段先进，但教学环节并不完整。由于空中课堂每节课只有20分钟，好多教学环节都无法正常安排，课堂上没有给学生预留足够的消化时间。作为任课教师必须在线辅导，利用盐池在线课堂，云校家、留言板等在线答疑，利用QQ、微信群等方式督促检查学生作业，帮助学生做好复习巩固，促进学生消化吸收。由于网络授课，学生须在教师指导下按照教材版本提前下载电子教材、《学习之友》等教辅资料，以方便自学和巩固，也可以利用教育云平台下载学习资源。教师在师生交互、生生交互并不充分的情况下，更要强调学生与教学资源的交互。教师要积极参与空中课堂的备课和授课，利用防疫时段加快信息素养提升，及时

总结互联网背景下教学经验，将自己发展成为信息时代的教学能手。

因为空中课堂是居家学习，基本无人监督，学生一定要注重自律意识的培养。教师必须要求学生上课不要走神、不能玩游戏等，以免落下功课。教师要教育学生成为学习的主人、时间的主人，在困难中学会自主，增强自我学习意识，培养自我学习习惯，形成自我发展能力。教师要指导学生利用平台、资源包或者家中书籍，自主获取知识，自我探索新领域。

受演播环境、准备时间、教学形式等方面的影响，加上空中课堂和线下课堂相比，其教学环境、授课教师、教学关系、教学手段、评价方式、辅导方式等都发生了深刻变化。尽快让教师、学生适应空中课堂的学习方式，逐步探索以网络为契机的教学新模式，更新我们一些薄弱学科的授课形式。

我是一名县级英语教研员，从2月17日空中课堂开展以来，截止到3月20日，我已经听了70多节课，这已经超过我平时一学期的听课记录了。主要内容涵盖小学学段3~6年级英语，以及开展初中学段的英语。尽管每堂课只有短短20分钟，但是可想而知我们的学科教研员和作课教师课前的准备肯定非常辛苦和费心，俗话说：台上一分钟，台下十年功，何况我们还是20分钟的录课。课堂上，教师的精神面貌有特色，普遍体现出成功的感觉，呈现的学习目标非常清晰，教学步骤齐全，知识脉络清晰，信息技术应用娴熟，直观形象，音频、视频使用合理到位，效果非常明显。一些知识点，语法训练，由于时间不够，通常采用手机拍照、课后补齐的方法。基本体现网络授课的特色，可能需要补充的就是教师提前给学生进行课前准备工作，教会学生网络学习的方法和技巧，如果能给学生提前发一份盐池以前使用的导学案，让学生预习和熟悉一下上课内容，看课的效果肯定更佳。空中课堂的授课模式，对教研员是一种考验。教研员严格把关，可以适当进行磨课，效果可能更好。对学科教师是一种挑战，教师首先有信心、有能力承担，经过不断磨炼和训练，才能真正体现网络学习的先进性。教研员应该不断探索和总结，寻找科学的网络教学途径，更好地利用信息技术助推课堂教学，体现信息技术与学科深度融合到空中课堂的不断创新。优秀教师也可以从辅教到主播，建设符合本地教材版本、符合本校教情学情的个性化在线课堂，对教育厅主导的空中课堂进行补充完善。

# 基于"互联网+"的初中英语教学创新思考

随着世界文化的大融合，国家间的经济贸易往来越来越频繁，英语成为一项重要的交流工具。在初中阶段的教学活动中，教师不仅要教会学生基础的理论知识，还要引导学生在听、说、读、写方面取得更大的进步，不断提高学生的英语综合素质。在"互联网+"的教育背景下，教师要借助现代化的教学手段完善教学环节，丰富教学形式，让学生感受到英语课程学习的生动形象，从而更主动地参与学习活动，提高自身英语技能。

## 一、加强"互联网+"与英语听力教学的融合

听力是英语课程学习中的一个重点课题，学生只有会听才能会说、会写。在初中英语课堂上，教师要利用好"互联网+"的音频功能，借助丰富多样的听力素材资源库为学生提供更好的学习条件，在更吸引学生的教学模式下激发学生英语听力学习的兴趣，帮助教师形成正确的听力教学策略。比如，在初中英语Friendship一课的学习中，教师要利用"互联网+"的音频功能为学生创设具体的语言情境，为学生的听力学习做好热身准备。根据这节课程的主题，教师可以选择一首关于友情的英文歌曲，在课堂上为学生进行播放，可以用"Auld Lang Syne"（友谊地久天长）、"Forever Friends"（永远的朋友）这两首英文歌作为课前导入，在欣赏歌曲的过程中帮助学生高度集中注意力，有效打开对学生听力教学的大门。接下来，教师要为学生播放整篇课文的朗读音频，让学生在这一过程中小声跟读，认真聆听一些陌

生单词的发音。借助"互联网+"的音频功能更好地克服一些教师发音不准确的教学弊端，让学生在长期的听力训练中提高听力水平，找到英语发音技巧，为英语课程的深入学习奠定坚实的基础，更好地突出英语学习的趣味性。

### （一）引导学生多听多练，奠定英语基础

在初中阶段英语课程的学习中，教师要努力引导学生注重打基础，确保学生日后英语课程的学习更加得心应手。在英语课堂上，教师要在英语材料的基础上引导学生从音标的发音规律出发开展听力和口语练习，让学生可以准确认识每个单词的读法，听清楚听力材料中的单词和句子。而且，教师要教会学生基础的语音知识和拼读规则，让学生在听的基础上练习口语，让学习活动变得更加轻松。

听是英语课程学习的基础，学生只有听懂对话内容，每天坚持听，才能体会英语学习的魅力，激发对英语听力和口语学习的热情。在学习初中英语"Will people have robots？"这篇文章时，为了能让学生掌握正确的发音方法，就要借助"互联网+"教学模式展开教学。教师可以利用"互联网+"的音频功能播放整篇课文的朗读录音，让学生可以听清楚每个句子的发音。另外，为了帮助学生在听力和口语方面的能力都得到提升，就要利用"互联网+"为学生提供跟读的空间，让学生可以进行多次的听读练习。在读的过程中纠正发音，在听的基础上探索听力学习的技巧，让英语课程的学习变得更加轻松自然。这样一来，学生就能在听说练习中打下坚实的英语基础，在整个学习过程中学会融会贯通。

### （二）人机结合发音练习，完善听说教学

在初中英语"互联网+"教学模式的应用过程中，教师要充分借助教材录音引导学生在听录音的同时养成对语音、语调大声朗读的习惯。在人机工具的教学辅助下，利用网络资源可以为学生的口语模仿提供更好的学习平台，在学生的跟读和模仿中纠正学生的错误发音，展开针对性的教学。在课堂上，教师要尽量为学生提供良好的口语环境，适当增加课堂对话教学环

节，引导学生大胆开口、大胆对话，推动学生听力和口语能力的协调发展。比如，在初中英语"Go for it"这个教学单元中，由于其中的每个话题都与学生的生活时代和日常生活经历非常贴近。首先，在课堂上，教师可以在"互联网+"营造的氛围中为学生留出大量口语练习的机会，如Pair work，Group work， Survey 等，让学生在各种形式的活动中有更多口语练习的空间。其次，教师要利用录音工具为学生播放标准的对话发音和听力素材，规定一个话题范围，让学生以话剧表演和英语朗读的形式进行对话练习。在各种语境中展开对话练习，就能让学生在具体的语境中学习发音技巧。再次，还可以让学生把对话的过程通过录音的形式记录下来，引导学生发现自己的发音缺陷，快速适应这种教学模式。尤其是教学中，教师要基于创新理念，创造一种极具创新色彩，富有启发意味的活泼而又生动的教学情境。最后，教师在教学过程中，要有效营造出一种愉快的氛围。为了实现这一目标，在教学过程中，教师一定要凭借饱满的精神、丰富的内容去面对教学，语言纯正、书法规范、板书醒目、态度和蔼，并且要恰到好处地运用好多媒体。

**（三）讲解英语听力技巧，丰富听说实践活动**

教师在开展教学活动中，要努力为学生传授更多的听力和口语技巧，引导学生从听力材料中捕捉更多的题目信息，预测听力内容，做好学习准备。而且，在练习听力的过程中，要引导学生边听边记，跟读关键信息，对时间、地点、人物进行准确把握，提高听力能力。此外，还要带领学生在丰富的听说实践中检验学习方法，探索科学的听说学习技巧。

整合有效的资源可以有效提高听说教学的效率，在教材的基础上进行拓展，在不同形式的听说实践活动中培养学生的英语学习能力。在"Go for it"这个单元中，Section A中安排了两次听力活动，第一次听录音时只需要学生掌握最基础的信息，第二次听录音则需要学生再次掌握更全面的信息。Section B部分再次进行了听力输入，拓展了听力材料的内容。通过设计"互联网+"练习，就能有效降低学生对听力和口语学习难度，让教学实践的针对性更强，提高学生的听力学习能力。除此之外，教师要在听力练习中让学生接受多次训练，减轻学生英语听力和口语学习的压力，树立学好英语口语和听力的信心。

## 二、加强"互联网+"与英语口语教学的融合

口语能力的培养离不开语言环境的营造，"互联网+"的运用也可以为口语教学环境提供有力支撑，让学生实现更真实的交流，体会身临其境之感。在课堂上，教师要利用"互联网+"创设交流情境，带领学生快速进入状态，利用流利的英语完成交流互动学习。比如，在学习初中英语"Healthy eating"一课时，教师可以在多媒体课件中运用结构图把健康的饮食习惯和不健康的饮食习惯更直观地展示出来，并进行对比，把一些基础的知识教给学生。接下来，教师就可以用"Who would like to tell us the most important things to stay healthy？"这个问题为学生创设口语表达的语境，让学生在" drink enough water every day；eat fresh fruit and many vegetables a day；early to bed and early to rise ； don't eat too much fat but eat more fish"等回答中锻炼自己的英语发音，组织学生完成面对面的对话练习，有效提高课堂口语教学的实效性，推动学生英语口语能力的全面发展。

## 三、基于"互联网+"创新英语作业形式

教师要转变理念，充分利用网络技术，创新作业设计，为学生创设适宜的语言环境和心理环境。在初中英语作业设计中，教师通过对网络技术的充分利用，来提高学生做作业的积极性、自觉性和主动性。例如，教师既可以为学生布置一些英文歌曲类型的作业，也可以为学生推荐一些适合他们观看的动画电影或课外书籍，让学生观看后用英语写一写自己的观后感或读后感。这样的作业类型可以抓住学生的学习兴趣，让学生在学习兴趣的引领下去阅读书籍、观看视频、写观（读）后感。为了调动学生的参与积极性，教师可让学生在家中利用互联网资源搜索他们感兴趣的英文书籍、电影等，并进行反向推荐。这种方式，既可以大大丰富学生的作业类型，也充分尊重了

学生的主体地位。为了让学生的观（读）后感分享更有成效，教师可让学生将自己的观（读）后感上传到班级QQ群或班级网站，由学生、教师进行打分，以此来激发学生做作业的积极性。教师为学生布置这种类型的作业，虽然表面上看起来娱乐性较强，但通过长时间的熏陶，会不断提高学生的语感，丰富其词汇量，增强学生运用英语进行沟通交流的能力。

## 四、结语

"互联网+"对教学活动的影响是显而易见的，为教学的发展提供了无限可能。在初中英语教学中，教师要结合"互联网+"优势完成教学活动，不断探索科学的教学方法，推动学生听、说、读、写各方面能力的提高，全面实现素质教育背景下初中英语课堂的教学目标。

参考文献：

[1] 张筱兰.信息技术与课程整合中的关注焦点：投入学习的研究 [J].电化教育研究，2004（12）：36-39.

[2] 袁小路，王莹.计算机多媒体技术在英语口语教学中的应用 [J].宁夏师范学院学报，2008（1）：107-110.

[3] 孙冬梅.英语口语教学评价机制探析 [J].潍坊教育学院学报，2011，24（6）：103-104.

# 基于智慧教育理论"互联网+"背景下的

# 初中英语作业设计探析

当今我们正在迈进一个崭新的时代，即"互联网+"时代。英语教师应及时更新自己落后的教育教学理念，积极吸纳智慧教育理论，并融入"互联网+"思维来全面改革自己的教育教学模式。从作业设计入手，融入先进的信息技术，从多个角度和层次出发为学生创设更贴近他们学习兴趣和认知规律的作业类型、学习环境和做作业的方式，将课堂教学和课外教学进行连接，在丰富学生学习方式的同时，实现减负提效的教育目标。

## 一、智慧教育的新时代诠释

智慧教育是指通过构建将信息技术融入全新的学习环境，改变教师落后的教育教学方法，让学生能够在新的学习环境下获得更为个性化的学习服务，体验到更为贴心的发展体验，使学生的全面发展由过去的不可能变为可能，小潜能激发为大潜能，从而将学生培养成为具有健康价值观、完善品格、良好思维品质的新时代少年。

信息时代下的智慧教育需要信息技术的大力支持，培养的是能够积极动手进行实践的智慧型人才。为了实现人才培养的目标，就需要各学科教师积极地学习先进的信息技术，将先进信息技术融入学科教学的全过程，让学习者在智慧教育的大背景下，既能学相关学科知识，又能成长为务实的、具有创造性的高素质人才。在信息化和智能化时代，学校可通过信息技术来开展智慧教育，培养和发展学生的智慧能力，以期在信息技术的支持下来构建智慧化的学习环境，依托教师实施智慧的教学方法，来促进学生的智慧学习，从而使学生成为具有积极、健康的价值取向和良好思维品质的智慧型人才，使学生在学习和生活中善于学习、沟通、合作，并能解决复杂类型的问题，这便是对智慧教育理念的落实，也是素质教育在信息时代、数字化时代的新发展。

## 二、基于智慧教育理论"互联网+"背景下的初中英语作业设计途径

### （一）创新作业形式

具体内容详见本书《基于"互联网+"的初中英语教学创新思考》一文的"三、基于'互联网+'创新英语作业形式"。

### （二）更新递交作业的方式

在"互联网+"的社会大背景下，教师对英语作业设计创新需要学校提供软件或硬件方面的支持。具体来说，就是需要学校完善英语交流、学习方面的网站，甚至可以专门开辟出一个专供师生间交流英语相关话题的空间，通过网站链接或者是微信公众号的形式来为学生提供一种学习和接触英语的新途径，并将散在各处的英语学习资源库连接起来，为学生的线上学习奠定基础。比如，学校通过建立作业试题库的方式，组织学生进行英语课后或课堂作业方面的测试，这样既可以了解学生对于英语学科知识的掌握情况，为教师对试题进行删减做铺垫，又可以让教师根据学生对于知识的掌握与吸收情况来及时调整教学策略和作业设计的难度，从而实现教学相长的目标。学生在线完成作业后可通过电子邮件或直接上传到班级QQ群或者宁教云平台。这样的方式不仅可以大大减轻学生的学业负担，也会有效减少学生的作业本开支，可谓是一举两得。

### （三）改革作业批阅方式

在初中英语教学过程中，教师应对传统的作业批阅方式进行大刀阔斧地改革。在实际教学中，教师可采取教学平台自动批阅的方式。这样的在线批阅，一方面能有效提高教师的工作效率，减轻其负担；另一方面其新颖性较受学生欢迎。比如，教师可通过微信这一方式来检查学生做作业的情况，学生全部完成之后，教师可通过一键方式来进行检查；之后，便可交由系统来进行处理。此时，网络系统便会自动地对学生的作业进行批改，并自动生成作业错题报告。教师可根据这份报告了解学生的知识学习和吸收程度。此外，教师还可以通过作文批改网来对学生的作文进行批改，学生也可以在此过程中进行多次修改，直到符合要求为止。这样的作业提交和批改方式，不仅可以有效减轻教师的作业批改量，节省其教学精力，使教师将更多的时间用在解决学生的疑惑和学习困难之处，还增加了师生的互动时间、频率，有效提高了英语作业的教学效率。对于学生来说，通过系统批改不断地纠正各种类型的错误，巩固了自身的英语学习基础。

### （四）进行作业平台展示

在初中英语教学中，教师基于智慧教育理论，从"互联网+"背景下出发，在尊重学生主体地位的基础上，让学生积极参与进来。现代教学更加注重对学生学习动机的激发，使学生在高涨的学习兴趣引领下参与教师的教学活动，积极地与他人进行交流互动，回答教师提问，这对于提高学生的思维能力和思维品质具有不可磨灭的作用。"互联网＋教育"为学生提供了更多的自主学习机会，因此，初中英语教师在进行作业设计时，可根据学生的实际口语水平来为他们布置英语朗读的学习任务，通过每周朗读一段或一篇英语小短文并将其进行录音发到班级群中或作业平台上进行分享来提高学生的参与积极性。教师可让学生进行网上投票，每月选取10篇"最佳优美英语"朗读录音进行展示。这样的教学设计，不仅可以激发学生开口说英语的积极性，也有利于纠正学生不地道的发音，增强其成就感，使学生在激励中不断进步和成长。

## 三、结语

初中英语教育教学应紧紧跟随时代潮流，抓住"互联网＋教育"契机，以智慧教育理论为指引，对作业进行重新设计。立足多样化、智能化的作业设计，能有效避免传统教学的弊端，将教师从繁重的作业设计和批改中解放出来，实现智能化的教育目标。

参考文献：

［1］杨志军.谈互联网在英语教学中的作用［J］.甘肃教育，2017（5）：116.

［2］滕达，鞠晶."互联网+"背景下合作学习在《基础英语》课程中的应用研究［J］.课程教育研究，2017（20）：96–97.

［3］冯丽玲."互联网+教育"与初中英语教学融合的实践探索［J］.宁夏教育，2019（6）：36–38.

［4］何旦红.巧用互联网 给力真课堂：探讨互联网模式下初中英语教学策略［J］.名师在线，2018（15）：71–72.

# 基于创新素养和"双减"政策的初中
# 英语作业设计初探

作业是检查学生学习效果的主要方式。在"双减"政策下，教师要贯彻"双减"政策围绕学生的英语核心素养布置作业。英语核心素养主要包含了学生的语言表达能力、思维能力等几个方面，教师在设计作业的同时要意识到核心素养的重要性。创新素养就是要营造鼓励创新、宽容失败的创新文化，改革基础教育培养模式，尊重个性发展，强化兴趣爱好和创造性思维培养。在此背景之下，关注学生的动手实践能力作业设计的根本是为了更好地服务学生，在作业设计中需要考虑学生的综合能力，真正做到减负增值。

## 一、基于创新素养和"双减"政策的初中英语作业设计策略

### （一）结合课堂内容，进行单元作业设计

单元主题作业设计可以丰富作业内容，在设计单元作业的同时，教师要对学生的实际情况进行跟踪，对于学生完成作业情况进行反馈。教师可以自制表格收集对学生的作业完成情况进行合理的分析，再对单元作业方案进行调整，并找到相应的解决方案提高作业质量。在初中英语教学中，教师经常会留一些重复性的作业，但是学生对这些重复性的作业比较厌倦。在课堂教学中教师需要注意单元主题的内容和形式，通过作业设计来提高学生的学习兴趣。

## （二）关注学生的差异性，设计分层作业

"双减"是符合时代要求，面向未来的一项重大举措。在当下减负、提质、增效，已经成为中小学教育共识和教育追求。自"双减"政策的颁布与实施以来，课后延时服务、"五项管理"、义务教育学校作业管理、"五育并举"、评价方式的改变，课堂教学以及家校协同等一系列措施都是为了减轻学生的学业负担，优化校外教育环境。学生的学习能力不同，在"双减"政策理念下教师需要对"双减"的实施意义进行研究，把"双减"政策落到实处，设计出适合不同层次学生的作业。在设计当中教师要根据学生之间的差异性以及课堂表现程度去布置作业，保证学生在完成作业的同时可以获得相应程度的收获，提高学生对英语学科的学习兴趣。因此，在设计作业前教师需要对班级学生的总体学习情况和作业完成情况进行调查，并设计出不同层次的作业，使得学生可以在完成作业的过程中提高自身能力。比如，"You're supposed to shake hands"一课中，教师需要设计基础作业和实践性作业。基础作业内容为了解be supposed to do 、after to、after all等词组的含义。实践性作业为用英语写一篇关于寒假生活趣味故事的小作文，在课堂中与其他同学进行分享。英语能力较差的学生在完成实践性作业时可以进行选择，如果无法独立完成该项作业可以选择在其他同学分享之后再完成。

## （三）线上混合线下，体现作业的交互性和即时性

随着互联网技术的发展，钉钉等信息软件成为教师布置作业和检查作业的主要方式。在作业设计中，教师可以合理利用网络信息把线上作业和线下作业融合到一起，通过不同形式的作业来提高学生的学习能力。首先，教师既可以通过有趣的配音软件代替传统的课文阅读和默写，还可以利用魔法课文等信息软件引导学生提前跟读提高自己的口语能力。其次，教师可以利用微信群及时反馈学生在课堂中的具体表现和学习情况，使得家长在家中可以更好地督促学生完成作业。最后，很多软件都有数据课，学生可以利用蜜蜂试卷等信息设备制作电子版错题本，不仅可以帮助学生减轻压力，而且在期末阶段可以利用电子版错题本进行复习。

### （四）改革评价机制，体现评价的科学性和促进性

作业评价是落实作业价值的主要环节，教师需要不断地完善评价内容，体现出评价机制的作用。初中英语评价内容主要包含了学生的学习积极性、学习态度、学习能力、学习成绩等方面，这样才能更好地提高学生的核心素养。在作业评价过程中，教师要注重学生自评和互评，也要把学生作为作业评价的主体。教师在批改作业的过程中要从各个角度去评价学生，如重视对学生的思维能力、表达能力和完成效率以及认真程度的评价。除此之外，在作业评价中教师要尊重学生的差异性，也要鼓励学习成绩比较差的学生敢于挑战自我，尊重每个学生的学习成果。因为每个学生对知识点的掌握程度不同，所以教师不能通过成绩一概而论。在日常评价中，教师要鼓励学生发挥自己的长处，激发学生的学习积极性。比如，在"We're trying to save the earth！"一课中，教师需要引导学生对教材内容进行合理的分析和了解，提高学生的环保意识。在作业设计方面，教师可以根据学生的能力设计分层作业。在作业完成之后教师需要对每个学生的完成态度、准确率等各个方面进行评价。对于完成比较认真但准确率不高的学生给予一定鼓励。

### （五）课外同步推进，降低作业总量

教师在设计英语作业的同时还需要学生的学习能力对作业内容进行整合，使得学生可以在完成作业的同时提高自己的基础能力，加深对教材当中知识点的理解。当前，多数英语教师把读、写作业看得非常重要，作业形式大多数都是以刷题、背诵课文的形式为主。"双减"政策的实施对初中英语作业提出了新的要求，教师需要对其深入地思考，在设计作业时需要从教学大纲、学生能力等角度出发，为学生提供一些课外知识。学生在完成基础作业的同时可以去阅读和查阅相关的英语资料，以此来提高自己的作业完成率。除此之外，教师还需要适当地对习题量进行缩减，尽量设计一些具有探究性的问题。课外和课内知识的结合是初中英语作业设计的亮点，学生在完成作业的同时不仅加深了对知识点的理解，还通过课外知识了解到其他学科知识内容。最重要的一点，教师在设计作业的同时提高了自己的专业素养。

## 二、结语

综上所述，在"双减"政策下教师需要改变传统的作业设计理念，把题海式战术转变为高效率、多样化的作业设计方式，在作业设计中把学生作为主体，以教材和课程为依据来提高学生的学习积极性。

**参考文献：**

[1] 刘璐."双减"背景下基于核心素养的小学英语作业设计研究 [J].进展：教学与科研，2022（4）：150-152.

[2] 周月明."双减"背景下，基于核心素养的小学英语作业设计 [J].世纪之星（小学版），2021（24）：135-136.

[3] 刘敏敏.基于"双减"政策下初中语文学科核心素养内涵探究与培养策略 [J].数据，2022（7）：96-98.

[4] 黄艳洁."双减"背景下提升小学生核心素养的英语作业多元化设计策略研究 [J].教育，2022（28）：84-87.

# 信息技术与初中英语教学整合的实践与思考

随着科技的发展与人文社会的进步，现代新媒体技术已经逐渐被引入校园，走进课堂。多媒体教学以其丰富的教学资源、生动形象的教学情境一直受到教师和学生的喜爱。英语是一门实践性比较强的学科，需要学生在学习的过程中真正地参与学习，多媒体教学的到来就为学生对英语的学习提供了更加便利的学习条件，也为英语教学带来了良好的机遇。本书主要对信息技术与初中英语教学整合的实践做出了简单的思考，并对其中存在的问题提出了改革的意见，以期使初中英语教学更加高效。虽然信息技术为初中英语教学增色不少，但多媒体技术也是一把双刃剑，只有正确利用信息技术，处理好教学与技术之间的关系，把信息技术为教学带来的改变充分地发挥出来。

## 一、信息技术与初中英语教学整合现状中存在的问题

### （一）教师无法合理利用信息技术

每件事物都以其正反两个方面存在，因此信息技术也具有其两面性。信息技术与初中英语教学的整合使教师的教学课件制作得更加精致，改变了传统的教学形式，能够使学生更多地关注课堂。并且在素质教育的背景下，新的教学形式也逐渐打破了教师一张嘴、一支粉笔满篇讲的"填鸭式"教学模式，为英语教学构建了新的教学形式。信息技术为英语教学带来了更多教学资源，使课堂教学变得更加生动、多彩。但是从另一个角度来看，在信息技术越来越成熟的今天，课堂教学也越来越多地依赖于信息技术。因此，在

实际的教学中，我们经常看到有很多教师将要表达的教学内容全部以课件的形式展现出来，教师将教学重点放在了课件上，对于教材表达的内容一带而过。这样的做法是非常不可取的，因为知识来源于教材，如果仅仅依赖于新媒体为教学带来的便利，无法合理利用信息技术，那么这样的教学是没有效果的。

### （二）学生缺少主动学习的积极性，学习效率低下

学生在初中学习的过程中，其自身的观察能力、记忆能力以及逻辑思维能力都能得到提高，但在实际的学习过程中，我们不难发现，学生在自我控制方面还不怎么强，在课堂或在私下里，缺少主动学习的积极性，其自主学习水平也有待提高。虽然英语教学与多媒体信息技术结合后，其教学途径得到增加，不管是阅读教学、写作教学还是听力教学都能通过多媒体进行教学，如通过课件进行听力播放，阅读教学的音像结合。但我们要注意的是，往往在利用多媒体信息技术教学时，学生过多注意课件中的动画、背景、图案，对于其中的知识以及教师讲述的知识存在忽视现象。虽然回家后学生也能通过发达的信息技术进行英语学习，但是其缺少自主学习的积极性以及对于自身的约束性。在进行具体学习中学生常常关注其他有兴趣的内容，这就使学生学习英语的效率下降。

### （三）教学过程中忽视学生情感的需要

由于在教学中过多重视多媒体课件设计的形式化，忽视了在内容情感上的交流。同时，由于教师过多地依靠多媒体教学模式，在教学中只是进行多媒体设备的相关操作，对内容的讲述忽视了与学生之间的沟通交流，学生也是忙于记录课件提示的相关内容，对于教师提出的问题无暇顾及，致使课堂教学中情感因素未能发生，教学内容缺乏生动，师生之间互动交流得少，这样就使课堂产生沉闷的氛围。

## 二、信息技术与初中英语教学整合策略

### （一）利用现代信息技术拓展学生知识面

信息技术的应用为教学提供了足够的教学资源，能够为学生提供丰富的学习资料。英语的学习讲求的就是时效性，需要整合最新的教学资源，尤其是对于英语阅读理解来说，需要使用最新的文章了解英语学习的动态。因此信息技术的运用使得学生学习能够跟上发展的潮流，拓展学生学习的知识面，增加阅读量。而且，信息技术也为学生提供了更多的学习机会，课下，学生可以利用新媒体网络收集更多的学习材料，学生可以根据自己的兴趣爱好收集一些英文故事、电影、歌曲等，在陶冶情操的同时能学习到英语的相关知识，从而使学生不再将学习英语作为一种学习的负担，而是能够在快乐中学习英语，进而提高自己的英语成绩。

### （二）合理适度地使用信息技术

在信息时代的背景下，信息技术为英语课堂的发展带来了众多的改变，由此，一些教师在实际的教学过程中过多地依赖于新媒体技术。例如，在每个教学环节中都利用多媒体插入了教学相应的图片、视频、音频等，在学习的过程中，虽然学生都表现出积极的学习兴趣，但是大多数情况下，学生只是感觉新的教学形式比较有趣，实际并没有达到教学效果。因此，在信息技术与初中英语教学相结合的过程中，教师要把握好使用信息技术这个度，不可过度地依赖，从而丧失自身对课堂教学的主导作用。教师要始终明白一点，即生动、形象的多媒体教学模式永远无法替代黑板与粉笔，信息技术对于传统的课堂教学模式只是起到一个辅助的作用。英语教师只有清楚地认识到这一点，才能在实际的教学中努力丰富自己的教学方法，提高自身教学的课堂效率。

### （三）利用信息技术营造良好的课堂氛围

初中英语教学与信息技术的融合策略，往往都是根据其教学现状而发展出来的。当下，在多媒体信息技术减少学生与真正知识内涵互联的情况下，

就需要教师对信息技术教学进行策略转换，以加强课堂氛围作为主要的使用策略。在教学中，教师要明白用什么课件能够烘托课堂气氛，用什么课件能够带起课堂教学节奏，并且还要体现信息技术教学形式的互动性。教师可以设计一个简单的动画对话课件，以课件里的动画人物向学生提出英语问题或是对话；还可以利用信息技术将一些意境良好的英语歌曲作为课堂教学的背景音乐，加深学生对于英语的认识，增添课堂教学中的英语气氛。

**（四）提高教师素质，加强教师队伍建设**

教师是教学的主体，科技无论发展到什么程度，在教学中都离不开教师的教导。信息化的到来为教师带来了诸多的机遇的同时，也带来了挑战，因为利用信息技术教学就要求教师利用计算机网络收集学习资料，制作课件。但是大多数英语教师都是文科出身，对于计算机的操作能力有限。所以在信息技术与初中英语教学相结合的过程中要提高教师的综合素质，加强教师队伍的建设。学校应定期对英语教师进行培训，提高教师对计算机网络的使用水平。学校之间可以进行教师技能比赛，对于教师利用信息技术教学成果进行比拼，这样也能激励教师在日常教学中努力学习，提高自身的技术水平。

## 三、结语

英语在社会发展中占据着重要的地位，因此提高英语的教学水平是我们教学中的当务之急。信息技术的到来为英语教学注入了新鲜的血液，丰富了英语教学的形式和内容，所以将信息技术与初中英语教学的关系权衡好，充分利用信息技术，这样才能提高英语的教学水平；教师也应从自身出发，努力提升自身的教学素质，在教学中与学生共同学习，共同提高。只有在各方的共同努力下，学生英语学习成绩才能得到有效提高。

参考文献：

［1］刘静媛.信息技术与初中英语阅读教学的整合策略研究［D］.贵阳：贵州师范大学，2015.

［2］李菲菲.初中英语十年课程改革的现状、问题与建议［D］.沈阳：沈阳师范大学，2014.

［3］马宁.深入学科整合，创新课堂教学：中学英语课例点评［J］.中国信息技术教育，2007（12）：89-92.

［4］王春娣，娜敏.现代信息教育技术在英语写作教学中的应用研究［J］.国际安全研究，2007（2）：58-62.

［5］张谦，沙红，刘冰，等.国外教育信息化的新特点与新举措［J］.外国中小学教育，1999（5）：5-8，17.